Die Auswirkungen der EU-Agrarpolitik auf Entwicklungsländer

von

Björn Schwarz

Tectum Verlag
Marburg 2004

Schwarz, Björn:
Die Auswirkungen der EU-Agrarpolitik auf Entwicklungsländer
/ von Björn Schwarz
- Marburg : Tectum Verlag, 2004
ISBN 978-3-8288-8622-3

© Tectum Verlag

Tectum Verlag
Marburg 2004

Inhaltsverzeichnis

Abkürzungs- und Symbolverzeichnis

$	Dollar
€	Euro
%	Prozent
ADLI	Agricultural-Demand-Led Industrialisation Strategy
AKP	Länder Afrikas, der Karibik und des Pazifikraums, mit denen die EU kooperiert
AoA	Agreement on Agriculture
Art.	Artikel
Bd.	Band
BIP	Brutto-Inlandsprodukt
BMF	Bundesministerium der Finanzen
BML	Bundesministerium für Ernährung, Landwirtschaft und Forsten
BRD	Bundesrepublik Deutschland
BSE	Bovine Spongiforme Enzephalopathie
ca.	circa
CAP	Common Agricultural Policy
CFA	Communauté Financière Africaine
COPA	Comité des Organisations Professionnelles Agricoles
D	Nachfrage
DBV	Deutscher Bauernverband
Diss.	Dissertation
DM	Deutsche Mark
e.V.	eingetragener Verein
EAGGF/ FEOGA	European Agricultural Guidance and Guarantee Fund
EBA	everything but arms
ECU	European Currency Unit
EG	Europäische Gemeinschaft
EG-6	EG der Gründungsmitglieder Belgien, Luxemburg, Niederlande, Bundesrepublik Deutschland, Frankreich, Italien
EG-9	EG-6 und Dänemark, Großbritannien, Irland
EG-12	EG-9 und Griechenland, Spanien, Portugal
EGKS	Europäische Gemeinschaft für Kohle und Stahl
EORG	European Opinion Research Group
EP	Europäisches Parlament
EPA	Economic Partnership Agreements
et al.	und andere
etc.	et cetera
EU/EU-15	Europäische Union: EG-12 und Finnland, Österreich, Schweden

EU-25	EU-15 und Estland, Lettland, Litauen, Malta, Polen, Tschechien, Slowakei, Slowenien, Ungarn, Zypern
EURATOM	Europäische Atomgemeinschaft
EUROSTAT	Statistisches Amt der Europäischen Gemeinschaften
EWG	Europäische Wirtschaftsgemeinschaft
EWR	Europäischer Wirtschaftsraum
EWS	Europäisches Währungssystem
f.	folgende
FAL	Bundesforschungsstelle für Landwirtschaft
FAO	Food and Agricultural Organisation
GAP	Gemeinsame Agrarpolitik der EU
GATT	General Agreement on Tariffs and Trade
GATT 1947	General Agreement on Tariffs and Trade (als Teil der WTO)
GD	Generaldirektion
GSP	General System of Preferences
GUS	Gemeinschaft Unabhängiger Staaten
ha	Hektar
HDI	Human Development Index
hrsg. v.	herausgegeben von
IWF	Internationaler Währungsfond
Jg.	Jahrgang
Kap.	Kapitel
kg	Kilogramm
LDC	Least Developed Country
LIFDC	Low Income Food Deficient Country
LLC	Land-locked Developing Countries
M€	Millionen Euro
MECU	Millionen ECU
MFN	Most Favoured Nation
Mio.	Millionen
MOE	Mittel- und Osteuropa
Mrd.	Milliarden
n.v.	nicht verfügbar
NATO	North Atlantic Treaty Organisation
NIC	Newly Industrialised Country
NGO	Non-Governmental Organisation
No.	Number
Nr.	Nummer
NTB	nicht-tarifäres Handelshemmnis
OECD	Organisation for Economic Co-operation and Development
O.V.	Ohne Verfasser
P	Preis

P_i	Interventionspreis
P_s	Preis im exportierenden Land nach Zahlung einer Export-subvention
P_s^*	Weltmarktpreis nach Zahlung einer Exportsubvention
P_t	Schwellenpreis
P_w	Weltmarktpreis
P_x	Großhandelspreis
PL	Public Law
Q	Menge
RGW	Rat für Gegenseitige Wirtschaftshilfe
S	Angebot
S.	Seite(n)
SIDS	Small Island Developing State
STABEX	System zur Stabilisierung der Ausfuhrerlöse
SYSMIN	System zur Stabilisierung mineralischer Exporterlöse
t	Tonne(n)
t.o.t.	terms of trade
u.a.	unter anderem
u.U.	unter Umständen
UdSSR	Union der Sozialistischen Sowjetrepubliken
UK	United Kingdom of Great Britain and Northern Ireland
UNCTAD	United Nations Conference on Trade and Development
UNDP	United Nations Development Programme
USA	United States of America
v.a.	vor allem
vs.	versus
Vgl.	Vergleiche
WSJE	Wall Street Journal Europe
WTO	World Trade Organisation
z.B.	zum Beispiel
z.T.	zum Teil

Abbildungsverzeichnis

Tabellenverzeichnis

1. Einleitung

In fast allen entwickelten Ländern ist die Landwirtschaft durch den Eingriff des Staates bestimmt, der sie weit vom Markt perfekter Konkurrenz der mikroökonomischen Theorie entfernt hat.[1] Besonders starke Eingriffe in den Agrarmarkt nimmt die Europäische Union[2] (EU) vor. Wegen der dominanten Rolle der EU-Landwirtschaft auf dem Weltagrarmarkt haben Änderungen der Gemeinsamen Agrarpolitik der EU (GAP) auch Auswirkungen auf andere Länder,[3] v.a. auf die Entwicklungsländer, die in hohem Maße von der Landwirtschaft abhängig sind. Dies mag die Tatsache unterstreichen, dass die Kühe in der EU mehr Unterstützung erhalten als der Hälfte der Weltbevölkerung zum Leben zur Verfügung steht.[4] Das Verhältnis zwischen EU-Agrarpolitik und Entwicklungsländern soll Gegenstand dieser Arbeit sein.

Der belgische Ministerpräsident Guy Verhofstadt beschreibt dieses Verhältnis mit den Worten: „Subventionen, die damals Europa halfen, seine eigene Nahrungsmittelknappheit zu beseitigen, vertreiben heute in den Entwicklungsländern Bauern von ihrem Land."[5] Dies greift etwas kurz, berührt aber dennoch den Kern des Problems: die Unterstützung der EU-Landwirtschaft durch hohe Subventionen und die damit verbundenen Auswirkungen auf die Weltmärkte. Der immense Erfolg der Agrarpolitik der EU bei der Verwirklichung ihrer selbst gesteckten Ziele blieb nicht ohne Konsequenzen für die Entwicklungsländer, da für diese die Landwirtschaft von besonders großer Bedeutung ist.

In Kapitel 2 werden einige im Verlauf dieser Arbeit häufig verwendete Begriffe definiert. In Kapitel 3 werden die EU und ihre Agrarpolitik vorgestellt, bevor das Verhältnis zwischen EU und Entwicklungsländern in Kapitel 4 betrachtet wird. Kapitel 5 zeigt einen Aspekt dieses Verhältnisses, nämlich die Unterstützung der Entwicklungsländer durch die EU. Schließlich gibt Kapitel 6 einen Ausblick auf die Beziehung zwischen EU und Entwicklungsländern in den

---

[1] Vgl. Kay (1998), S.1.

[2] Zur Vereinfachung wird im Rahmen dieser Arbeit angenommen, dass die EU schon immer EU genannt wurde. Nur bei einer (historisch) notwendigen Abgrenzung wird zwischen den jeweiligen Bezeichnungen unterschieden.

[3] Vgl. Bale/Koester (1984), S.4.

[4] Vgl. brand eins (2002), S.96.

[5] WSJE (2002), S.3.

kommenden Jahren und versucht, eine für die Entwicklungsländer optimale Agrarpolitik der EU zu finden. Verdeutlicht werden die Ausführungen anhand dreier Beispiele für Auswirkungen von EU-Politiken auf Entwicklungsländer: der brasilianischen Soja-Produktion, des Exports von Rindfleisch aus der EU nach Westafrika und des durch die EU geförderten Aufbaus einer indischen Milchindustrie.

2. Begriffe

2.1 Landwirtschaft

Die landwirtschaftliche Produktion zeichnet sich durch einige Besonderheiten aus. Sie produziert sowohl Konsumgüter als auch Produktionsmittel.[6] Die Produktion ist von Jahreszeiten und geographischen Gegebenheiten abhängig und wird nicht von einigen wenigen Personen zentral, sondern dezentral von einer Vielzahl von Landwirten geplant, die gleichzeitig Produzenten und Konsumenten sind.[7] Der Output dieser Produktion ist schwer vorhersehbar.[8] Dem Pro-Kopf-Konsum landwirtschaftlicher Produkte ist ein physiologisches Limit gesetzt,[9] da er nicht über ein bestimmtes Niveau hinaus wachsen kann. Anders als für Arbeit oder Kapital bietet sich der Produktionsfaktor Boden kaum für eine alternative Nutzung an,[10] was einen Ausstieg aus der Landwirtschaft erschwert. Die Produktion von Agrarprodukten kann also nicht mit der Produktion von Industrieprodukten verglichen werden.

2.2 Entwicklungsländer

Eindeutige Kriterien für eine klare Zuordnung eines Landes zur Gruppe der Entwicklungsländer gibt es nicht. Meistens wird das Volkseinkommen als Maßstab herangezogen. Demzufolge gelten die Mitgliedsländer der OECD als Industrieländer, während der Rest der Länder der Welt als Entwicklungsländer bezeichnet wird, auch wenn einige dieser Entwicklungsländer ein höheres Pro-Kopf-Einkommen aufweisen als manche Mitglieder der OECD.[11]

Die Vereinten Nationen teilten ihre Mitglieder zu Zeiten des Kalten Krieges in drei Gruppen ein: die entwickelten „westlichen" Länder (Westeuropa, Nordamerika, Japan, Südafrika, Australien und Neuseeland), die Mitglieder des

---

[6]   Vgl. Koester (1992), S.15.
[7]   Vgl. Timmer (1998), S.125-127.
[8]   Vgl. Harrop (2000), S.100.
[9]   Vgl. Alexandratos (1995), S.126.
[10]   Vgl. Folmer et al.(1995), S.49 und Kapitel 3.5.1.

„östlichen" Rates für Gegenseitige Wirtschaftshilfe (RGW) und die restlichen Mitglieder. Daher werden die Entwicklungsländer oft auch als Dritte Welt bezeichnet.[12]

Allgemein ist eine Abkoppelung v.a. der ärmsten Entwicklungsländer vom Welthandel und von den globalen Investitions- und Finanzierungsströmen zu beobachten. Der Großteil des Welthandels und der internationalen Investitionen findet zwischen den Industrienationen statt. Hinzu kommt die wachsende Bedeutung transnationaler Konzerne, die über ein Drittel des Welthandels firmenintern ablaufen lassen. Dies führt zur Marginalisierung einiger Weltregionen, v.a. Sub-Sahara-Afrikas, da sich die weltwirtschaftlichen Verflechtungen zunehmend auf Westeuropa, Nordamerika und Südostasien konzentrieren.[13]

Der Begriff „Entwicklungsländer" umfasst also die Mehrzahl der Länder der Erde, wobei jedoch die genaue Eingrenzung dieser Ländergruppe sehr unterschiedlich ist. Dieser Gruppe werden teilweise so unterschiedliche Länder wie z.B. Singapur, Indien oder Trinidad und Tobago zugeordnet. Daher soll nun eine Einengung des Begriffes zur Behandlung im Rahmen dieser Arbeit erfolgen.

2.2.1 Definitionen von Entwicklung

Dem Bericht über die menschliche Entwicklung 1998 zufolge ist Entwicklung „ein Prozeß, der die Wahlmöglichkeiten der Menschen erweitert ... durch eine Ausweitung ihrer Lebens- und Entwicklungschancen ... [durch] drei wesentliche Vorraussetzungen für menschliche Entwicklung: langes und gesundes Leben, Bildung [sowie] Zugang zu den Ressourcen für einen angemessenen Lebensstandard"[14]. Zur Einschätzung dieser Aspekte wird nicht das

---

[11] Vgl. Pretty (2001), S. viif. So weist z.B. Singapur als Nicht-OECD-Mitglied ein höheres Pro-Kopf-Einkommen als Deutschland auf, vgl. Weltbank (2001), S.236f.
[12] Vgl. Hemmer/Teipel (1993), S. 571.
[13] Vgl. Ziai (2000), S.35-37.
[14] UNDP (1998), S.17.

Volkseinkommen, sondern der *Human Development Index (HDI)* gemessen, in den Lebensdauer, Bildung und ein angemessener Lebensstandard einfließen.[15] Zwei unterschiedliche Prinzipien stehen sich bei einer Betrachtung des Begriffes Entwicklung gegenüber. Das Prinzip der nachholenden Entwicklung hat als Ziel die Entwicklung einer modernen Industriegesellschaft, die durch Nachahmung der westlichen Industrienationen erreicht wird. Der hierbei angewandte Maßstab für Entwicklung ist das Pro-Kopf-Einkommen.[16] Dagegen zielt das Prinzip der bedürfnisorientierten Entwicklung auf die Befriedigung menschlicher Bedürfnisse ab, z.b. medizinische Versorgung, Rechtsstaatlichkeit, Bildung etc. Der erreichte Entwicklungsstand wird hier mit Hilfe verschiedener Indikatoren gemessen.[17]

2.2.2 Die Heterogenität der Entwicklungsländer

Basierend auf ökonomischen Kriterien lassen sich die Entwicklungsländer in verschiedene Gruppen einteilen. Die *least developed countries (LDC)* weisen ein sehr niedriges BIP (jährlich 800 US-$ pro Kopf), einen niedrigen Lebensstandard und einen geringen Grad an wirtschaftlicher Diversifikation auf. Zur Zeit stufen die Vereinten Nationen 49 Länder als LDC ein.[18] Die Gruppe der *Newly Industrialised Countries (NIC)* oder *Schwellenländer* stehen vor einer Überwindung der Merkmale eines Entwicklungslandes.[19] Teilweise können sie

---

[15] Vgl. UNDP (1998), S.17. Dabei können sich durchaus Unterschiede zwischen der Länderreihenfolge nach Pro-Kopf-Einkommen und der nach HDI ergeben. Negative Beispiele sind Ölstaaten wie Kuwait oder Katar, deren Position nach HDI weit hinter der nach Pro-Kopf-Einkommen liegt, positive Beispiele sind z.b. Staaten der GUS wie Georgien oder Tadschikistan. Es besteht also kein automatischer Zusammenhang zwischen wirtschaftlichem Wohlstand und menschlicher Entwicklung. Vgl. UNDP (1998), S. 23f., 152-154.

[16] Vgl. Ziai (2000), S.11.

[17] Vgl. Ziai (2000), S.12.

[18] Vgl. UNCTAD (2001). Zur Messung der Lebensumstände wird der Augmented Physical Quality of Life Index verwandt, der auf Indikatoren wie Lebenser-wartung, Alphabetisierungsquote etc. fußt. Die wirtschaftliche Diversifikation wird durch den Economic Diversification Index gemessen, der u.a. auf dem Industrieanteil am BIP basiert. Eine Aufstellung der LDC findet sich im Anhang III.

[19] Vgl. Vahlen (1993), S. 1869.

11

-wie Mexiko oder Südkorea- als Mitglieder der OECD auch zu den Industrieländern gezählt werden.

Eine andere Möglichkeit ist die Zuordnung zu Gruppen nach geographischen Gesichtspunkten. Eine dieser Gruppe stellen die *land-locked developing countries (LLC)* dar, wie z.B. Bolivien oder Lesotho, die keinen eigenen Zugang zum Meer aufweisen. Sie sehen sich v.a. hohen Transportkosten gegenüber. Eine weitere Gruppe sind die *small island developing states (SIDS)*, wie z.B. St. Lucia oder die Malediven.[20] Sie werden ebenfalls durch hohe Transportkosten, aber auch durch hohe Stückkosten bei der Produktion durch fehlende Möglichkeiten zur Ausnutzung von economies of scale und durch häufige Naturkatastrophen benachteiligt.[21] Hinzu kommt ein nur geringer Selbstversorgungsgrad mit Lebensmitteln, wie z.B. Getreide.[22] Oft sind die LDC auch in diesen Gruppen der geographisch benachteiligten Entwicklungsländer zu finden. Eine andere Einteilung nimmt die EU vor, die mit 78 Entwicklungsländern aus **A**frika, der **K**aribik und dem **P**azifikraum (AKP), hauptsächlich ehemalige Kolonien der EU-Mitgliedsstaaten, zusammen arbeitet.[23] Auch in anderen Bereichen zeigen sich starke Differenzen zwischen den Entwicklungsländern, so z.B. beim Exportwachstum, das auch innerhalb von Weltregionen unterschiedlich sein kann,[24] oder beim Zufluss ausländischer Direktinvestitionen, die v.a. den großen Schwellenländern zu Gute kommen.[25] Im Rahmen dieser Arbeit bezeichnet der Begriff *Entwicklungsländer* trotz der oben geschilderten Unterschiede alle Länder, die nicht Mitglied der OECD sind und zusätzlich Mexiko, da sie von den Agrarpolitiken der EU- und OECD-Länder am stärksten betroffen sind. Besondere Beachtung finden die Entwicklungsländer des Mittelmeerraumes, der AKP-Gruppe und Osteuropas.

---

[20] Vgl. UNCTAD (2002a).
[21] Vgl. UNCTAD (2002b). Verzeichnisse der LLC und der SIDS finden sich im Anhang III.
[22] Vgl. Alexandratos (1995), S.434-438.
[23] Ein Verzeichnis der AKP-Staaten befindet sich in Anhang III.
[24] So wuchs der Export von Fertigwaren aus Botswana zwischen 1980 und 96 um ca. 10% jährlich, während die Exporte des Nigers zurückgingen, vgl. UNDP (1999), S.31.
[25] Vgl. UNDP (1999), S.31.

2.2.3 Die Bedeutung der Landwirtschaft für die Entwicklungsländer

Etwa ein Viertel aller Agrarexporte weltweit kommt aus Entwicklungsländern, was in etwa ihrem Anteil an den Exporten aller Warengruppen entspricht. Am bedeutendsten ist der Agrarhandel der Industrieländer untereinander, gefolgt vom Handel zwischen Industrie- und Entwicklungsländern.[26] Für die Entwicklungsländer Lateinamerikas und Sub-Sahara-Afrikas sind die Agrarexporte im Vergleich zu den Exporten aller Güter besonders bedeutend.[27] Die Landwirtschaft ist für die Binnenwirtschaft der Entwicklungsländer weitaus wichtiger als für die der Industrieländer, da sie einen Großteil des Volkseinkommens ausmacht, einen Großteil der Bevölkerung, teilweise über 90%, beschäftigt[28] und einen Großteil der Wertschöpfung erwirtschaftet.[29] Wegen ihrer weitaus schlechteren Ausstattung an Ressourcen ist es für die Landwirte in den Entwicklungsländern sehr viel schwieriger, auf Marktänderungen mit einer Änderung ihrer Anbaustruktur zu reagieren. Der Anbau von *cash crops*, Waren mit einem höherem Wertschöpfungsanteil als traditionelle Anbauprodukte, z.B. Schnittblumen, schlug oft aufgrund von mangelndem Know-how fehl.[30] Die bereits erwähnte Heterogenität der Entwicklungsländer zeigt sich wiederum in der unterschiedlichen Bedeutung der Landwirtschaft in einzelnen Regionen. So liegt der Anteil der Landwirtschaft an der gesamten Wertschöpfung in Südasien und Sub-Sahara-Afrika weit über dem anderer Entwicklungsländer. Auch konnte in diesen beiden Regionen die Produktivität der Landwirtschaft in der Vergangenheit nur unterdurchschnittlich gesteigert werden. In Sub-Sahara-Afrika wird darüber hinaus nur ein sehr geringer Anteil der verfügbaren Landfläche landwirtschaftlich genutzt.[31]

Länder, für die der Agrarhandel eine herausragende Rolle spielt werden von der Food and Agriculture Organisation (FAO) der Vereinten Nationen in eine besondere Gruppe eingeteilt: die *low-income food deficient countries (LIFDC)*.

---

[26]   Vgl. Gotsch/Herrmann/Peter (1995), S.7-10. Weitere von den Autoren verwendete Länderkategorien sind die Länder Osteuropas und die sozialistischen Länder Asiens (China, Nordkorea, Vietnam, Mongolei).

[27]   Vgl. Gotsch/Herrmann/Peter (1995), S.11f.

[28]   Vgl. Timmer (1998), S.125 und Weltbank (1997), S.252f.

[29]   Vgl. Weltbank (2000), S.298f.

[30]   Vgl. Dhar/Kwa (2000), S.19-21.

Sie weisen ein geringes Pro-Kopf-Einkommen auf, für das die FAO für das Jahr 2000 einen Betrag von unter 1445 US-$ angibt. Weiterhin sind die Länder dieser Gruppe über einen längeren Zeitraum Netto-Nahrungsmittelimporteure. Diese Gruppe umfasst momentan 84 Länder, darunter die Mehrzahl der LDC.[32]

---

[31] Vgl. Oyejide (2001), S. 13-16 sowie Weltbank (2001), S.341.
[32] Vgl. FAO (2002).

3. Die Agrarpolitik der Europäischen Union

Agrarpolitik der EU ist die GAP. Sie besteht seit der Konferenz von Stresa 1958.[33] Sie wird nach einem kurzen Überblick über die Europäische Einigung im Folgenden vorgestellt.

3.1 Die Europäische Union

Die Europäische Union ist ein supranationaler Zusammenschluss von momentan 15 mittel- und westeuropäischen Ländern. Sie hat ca. 377,5 Mio. Einwohner auf einer Fläche von 3,2 Mio. Quadratkilometern.[34]

3.1.1 Die Europäische Einigung

Nach dem Ende des Zweiten Weltkrieges kamen in Europa verschiedene Ideen zu einer europäischen Integration auf, um durch eine Stabilisierung Europas neue kriegerische Auseinandersetzungen unmöglich werden zu lassen.[35] Diese Integration war am Anfang v.a. militärischer Natur und schloss wegen des aufziehenden Kalten Krieges das Einflussgebiet der UdSSR aus. Frankreich schlug daher die Gründung einer *Europäischen Gemeinschaft für Kohle und Stahl (EGKS)* - den damals kriegswichtigen Gütern - vor, ratifizierte aber den Vertrag zur Gründung einer Europäischen Verteidigungsgemeinschaft 1952 nicht, da es nicht gewillt war, militärische Machtbefugnisse an eine noch zu gründende europäische Armee abzugeben.[36] Militärische Aufgaben wurden dann zunehmend von der auch nicht-europäische Mitglieder umfassenden *North Atlantic Treaty Organisation (NATO)* wahrgenommen.[37]

Aufbauend auf dem Schumann-Plan von 1950 unterzeichneten am 18. April 1951 Belgien, die Niederlande, die Bundesrepublik Deutschland, Italien, Luxemburg und Frankreich den Vertrag über die Gründung der EGKS. Als

---

[33] Vgl. Kay (1998), S.1.
[34] Vgl. Europäische Kommission (2002b), S. T/25.
[35] Vgl. Harrop (2000), S.10.
[36] Vgl. Harrop (2000), S. 10-13 sowie Barrass/Madhavan (1996), S.14f.
[37] Vgl. Harrop (2000), S.11f.

Vorläuferin der EU verfügte sie bereits über die meisten Institutionen, die auch heute vorhanden sind. Die Hohe Behörde war die Vorgängerin der Europäischen Kommission und es existierte bereits ein Ministerrat.[38]

Die positiven Erfahrungen mit den Reglungen der EGKS ließen bald den Wunsch nach einer Ausweitung auf andere Gebiete aufkommen. Daher wurden am 25. März 1957 die Römischen Verträge unterzeichnet, in denen die Gründung der *Europäischen Wirtschaftsgemeinschaft (EWG)* und der *Europäischen Atomgemeinschaft (EURATOM)* beschlossen wurden. In den Römischen Verträgen wurden Ziele für eine gemeinsame Agrarpolitik der EWG als erste gemeinsame Politik vereinbart.[39] Nach der ersten, so genannten Norderweiterung 1973 um Großbritannien, Irland und Dänemark verlangsamte der Ölpreisschock eine weitere wirtschaftliche Integration, bis 1979, ausgehend von einer deutsch-französischen Initiative, mit dem *Europäischen Währungssystem (EWS)* ein Versuch unternommen wurde, die Wechselkurse zu stabilisieren.[40] Die Süderweiterung 1981 um Griechenland und 1986 um Spanien und Portugal brachte eine weitere Vergrößerung der EG-9 zur EG-12. Der Vertrag von Maastricht 1991 vertiefte die politische Integration der Mitgliedsländer und beschloss die Schaffung einer Währungsunion, bevor die bis dato letzte Erweiterung 1995 mit der Aufnahme von Finnland, Schweden und Österreich stattfand.[41] Der Vertrag von Amsterdam 1997 verstärkte die supranationalen Elemente der EU.[42] Die gemeinsame europäische Währung, der Euro, wurde 1999 eingeführt, und 2002 wurden Scheine und Münzen der neuen Währung in den 12 Teilnehmerstaaten ausgegeben.[43] Die Kandidaten für die

---

[38] Vgl. Harrop (2000), S. 15 sowie Barrass/Madhavan (1996), S.15f.

[39] Vgl. Harrop (2000), S. 15f. sowie Barrass/Madhavan (1996), S. 19. In den Römischen Verträge wurden außereuropäische Gebiete, die „besondere Beziehungen" zu den Mitgliedsstaaten unterhielten, d.h. die Kolonien, der EU einseitig assoziiert, vgl. Art. 182 EG-Vertrag.

[40] Vgl. Harrop (2000), S.284 sowie Hansen/Olesen (2001), S.164 f.

[41] Vgl. Harrop (2000), S. 47f., 284.

[42] Vgl. Harrop (2000), S.48f.

[43] Vgl. Hansen/Olesen (2001), S.7, 166. Dänemark, Großbritannien und Schweden nehmen nicht am Euro teil.

nächste Erweiterung um eine Reihe von mittel- und osteuropäischen Ländern im Jahr 2004 sind am 9. Oktober 2002 benannt worden.[44]

3.1.2 Die Entscheidungsfindung in der Europäischen Union

Die wichtigsten Organe bei der Entscheidungsfindung innerhalb der EU sind die Europäische Kommission, der Rat der Europäischen Union, der Europäische Rat und das Europäische Parlament.

Europäische Kommission

Da sie deren Einhaltung überwacht, wird die Europäische Kommission als Hüterin der Verträge bezeichnet,. Sie besteht aus 20 Kommissaren, die den insgesamt 24 Generaldirektionen (GD) vorstehen. Sie werden durch die nationalen Regierungen ernannt und vom Europäischen Parlament bestätigt. Die Kommission nimmt z.T. exekutive Aufgaben wahr, indem sie mittels der von ihr erlassenen Verordnungen die in den Verträgen festgesetzten Politikgrundsätze ausführt.[45] Sie vertritt zudem die EU nach außen.[46] Die Generaldirektion GD VI ist für die Agrarpolitik zuständig. Aktueller Agrarkommissar ist der Österreicher Franz Fischler.

Rat der Europäischen Union (Ministerrat)

Der Rat der Europäischen Union besteht aus den jeweils für ein Sachgebiet zuständigen Ministern der Mitgliedsstaaten, bei Agrarangelegenheiten also aus den Landwirtschaftsministern. Die Landwirtschaft oder die Fischerei betreffende Vorlagen werden mit qualifizierter Mehrheit angenommen, d.h. dass Staaten in diesen Angelegenheiten gegebenenfalls überstimmt werden können.[47]

---

[44] Vgl. Harrop (2000), S. 304f. Die neu aufzunehmenden Länder sind Estland, Lettland, Litauen, Polen, Ungarn, Tschechien, die Slowakei, Slowenien, Malta und Zypern. Die beiden anderen Aufnahmekandidaten Bulgarien und Rumänien werden frühestens 2007 aufgenommen. Die Aufnahme der Türkei ist kurzfristig aufgrund der dortigen Menschenrechtssituation unwahrscheinlich. Vgl. Bielewsky/ Grow/ Miller (2002), S.A1, A2. Zur EU-Osterweiterung vgl. auch Kap. 6.1.1.
[45] Vgl. McDonald (1999), S.16.
[46] Vgl. Harrop (2000), S.32.
[47] Vgl. McDonald (1999), S.15.

Europäischer Rat

Der Europäische Rat besteht aus den Staats- und Regierungsoberhäuptern der Mitgliedsstaaten, dem Vorsitzenden der Kommission sowie dem Präsidenten des Europäischen Parlamentes.[48] Er legt die Grundsätze der EU-Politik fest.[49]

Europäisches Parlament

Im Europäischen Parlament (EP) sitzen die 626 direkt gewählten Abgeordneten aus den Mitgliedsstaaten, es erfüllt jedoch nicht alle Aufgaben eines gewählten nationalen Parlaments. Neben seiner Mitwirkung am EU-Haushalt hat es v.a. beratende Funktionen. Die Ernennung der Kommission ist von der Zustimmung des EP abhängig. Der Einfluss des EP ist in letzter Zeit durch die Verträge von Maastricht und Amsterdam erheblich gestärkt und ausgebaut worden.[50] Da die Ausgaben für die GAP jedoch Pflichtausgaben der EU sind, kann das EP Ausgaben des *European Agricultural Guidance and Guarantee Fund (EAGGF)[51]* nicht zurückweisen, sondern lediglich Änderungen vorschlagen, die vom Ministerrat mit qualifizierter Mehrheit angenommen werden müssen.[52]

Die Entscheidungen innerhalb der EU werden nicht nach einem einheitlichen Verfahren getroffen, da sich im Laufe der Zeit je nach Politikfeld mehrere Verfahren entwickelt haben.[53] Das jeweils anzuwendende Verfahren ergibt sich aus Art. 250-252 EG-Vertrag.[54] Erschwerend wirken bei der Entscheidungsfindung über Fragen der Landwirtschaft die unterschiedlichen Interessen von Kommission und Landwirtschaftsministern. Während die Kommission die Interessen der EU vertritt und damit eine Wohlfahrtsmaximierung in der EU anstrebt, vertreten die Landwirtschaftsminister, die z.T. stark von den nationalen Bauernverbänden

---

[48] Vgl. McDonald (1999), S.15f.

[49] Vgl. Meyer/Theurl (2001), S. 81f.

[50] Vgl. Harrop (2000), S. 36, 40f. sowie Meyer/Theurl (2001), S.123.

[51] Der EAGGF ist in der Literatur auch unter seinem französischem Namen FEOGA (Fond Européen d'Orientation et de Garantie Agricole) bekannt. Er befasst sich mit der Stützung von Preisen und der Verbesserung der landwirtschaftlichen Struktur und umfasst 2003 43.770 M€, vgl. Harrop (2000), S.94f. sowie Europäische Kommission (2002b), S.146.

[52] Vgl. Kay (1998), S.7.

[53] Vgl. Laws (2001), S. 41.

[54] Vgl. Meyer/Theurl (2001), S.168. Einen Überblick über die verschiedenen Verfahren zur Rechtssetzung bieten Laws (2001, S.42-48) und Meyer/Theurl (2001, S.168-180).

beeinflusst werden, nationale und sektorale Interessen, zumeist Einkommensmaximierung für ihre Landwirte. Da die Vorschläge der Kommission vom Ministerrat bei Fragen der Landwirtschaft überstimmt werden können, versucht die Kommission nicht, aktiv EU-Interessen in ihren Vorschlägen zu verbreiten, sondern gestaltet ihre Vorschläge von vorneherein konsensfähig.[55] Die so entstandenen Ergebnisse der GAP sind also nicht mit einer Wohlfahrtsmaximierung in der EU gleichzusetzen. Die dabei entstehenden Kosten werden auf Drittländer, EU-Konsumenten und -Steuerzahler überwälzt[56], also auf Personenkreise, die nicht an der Entscheidungsfindung beteiligt sind.

3.2 Agrarpolitik

Agrarpolitik ist die „Gesamtheit aller Bestrebungen, Handlungen und Maßnahmen, die darauf abzielen, den Ablauf des agrarpolitischen Geschehens entsprechend den gegebenen Zielsetzungen zu beeinflussen".[57] Dies geschieht durch staatliche Eingriffe in den Agrarmarkt,[58] die ökonomisch gerechtfertigt sein können, um die Ressourcennutzung in einer Volkswirtschaft effizienter zu gestalten.[59] Der Staat kann durch sein Eingreifen das Risiko für den einzelnen Landwirt begrenzen, indem er die Preise stabilisiert, so dass dieser die Produktion risikobehafteter Güter ausdehnt.[60] Dabei müssen sowohl Angebots- als auch Nachfrageseite betrachtet werden. Die Nachfrageseite kann durch das Engelsche Gesetz charakterisiert werden, wonach die Einkommenselastizität der Nachfrage nach Lebensmitteln bei steigendem Haushaltseinkommen sinkt. Bedingt durch den starken Anstieg der Haushaltseinkommen in der EU in den letzten Jahrzehnten ist die Einkommenselastizität der Nachfrage also sehr niedrig, so dass die absolute Nachfrage nach landwirtschaftlichen Produkten trotz steigender Einkommen stabil geblieben ist. Auch der geringe Bevölkerungsanstieg in der EU beschränkte eine mögliche Steigerung des

---

[55] Vgl. Koester/Tangermann (1987), S.21.
[56] Vgl. Bale/Koester (1984), S. 13f.
[57] Koester (1993), S.37.
[58] Vgl. Koester (1993), S.37f.
[59] Vgl. Koester (1992), S.233.
[60] Vgl. Koester (1992), S.235f.

19

Absatzes landwirtschaftlicher Produkte in Europa.[61] Dadurch steigen die Einkommen der Landwirte im Vergleich zur restlichen Bevölkerung weniger stark, was einen Markteingriff zur Einkommensunterstützung rechtfertigen kann.[62] Weitere Argumente für einen Markteingriff sind die Befriedigung lebensnotwendiger Bedürfnisse durch die Landwirtschaft, oder klimatische Veränderungen, die Einkommen und Investitionen in der Landwirtschaft behindern können, sowie die essentielle Bedeutung der Landwirtschaft für die Beschäftigung in ländlichen Regionen.[63]

Agrarökonomische Analysen konzentrieren sich jedoch zumeist auf die Angebotsseite des Marktes. Diese ist durch einen großen zeitlichen Unterschied zwischen der Produktionsentscheidung und der tatsächlichen Produktion gekennzeichnet. Die Produktionsentscheidung wird durch Preise beeinflusst, die aber erst später ihren Niederschlag in einer tatsächlich erfolgten Produktion finden. Dies führt dazu, dass auf Rohstoffmärkten fast immer ein zu hohes oder zu niedriges Angebot herrscht und die Einkommen im Agrarsektor dadurch sehr instabil sind.[64] Weiterhin hat sich seit dem Zweiten Weltkrieg durch erhöhten Technologieeinsatz die Produktion schneller als der Konsum erhöht, so dass das Einkommen der Landwirte sich durch sinkende Preise verkleinerte. Eine Marktbereinigung ist v.a. aufgrund mangelnder intersektoraler Mobilität des Faktors Arbeit in der Landwirtschaft bisher ausgeblieben, so dass wiederum ein Eingriff des Staates notwendig wurde.[65] In der europäischen Agrarpolitik werden zusätzlich oft positive externe Effekte der landwirtschaftlichen Produktion als Rechtfertigung für Agrarsubventionen angegeben, z.B. auf den Tierschutz oder den Umwelt- und Naturschutz, da viele europäische Landschaften erst von der Landwirtschaft in ihre aktuelle Form gebracht geworden sind.[66]

---

[61] Vgl. Kay (1998), S.12.
[62] Vgl. Koester (1992), S.199 und Art. 39 EG-Vertrag. Das Engelsche Gesetz gilt jedoch nur bei konstanten Nahrungsmittelpreisen. Es erklärt zudem nicht ausreichend die Einkommensdisparität zwischen der Landwirtschaft und anderen Sektoren, vgl. Koester (1992), S.199-202.
[63] Vgl. Loseby/Piccinini (2001), S.4.
[64] Vgl. Kay (1998), S.12.
[65] Vgl. Kay (1998), S.13.
[66] Vgl. Fischler (2001), S.xvi und BML (1998), S.22f.

3.3 Die Agrarstruktur der EU-Mitgliedsländer

Die Mitgliedsländer der Europäischen Union unterscheiden sich stark hinsichtlich der wirtschaftlichen Bedeutung des Agrarsektors. Bereits in den fünfziger Jahren gab es erhebliche Unterschiede zwischen den sechs Gründerstaaten der EU hinsichtlich der Export-, Preis- und Produktionsstrukturen.[67] Vor allem in den südlichen Mitgliedsstaaten der EU ist ein größerer Anteil der Beschäftigten in der Landwirtschaft tätig, während der Anteil z.B. in Großbritannien oder Deutschland sehr gering ist. Dabei muss jedoch beachtet werden, dass es in der EU große Unterschiede hinsichtlich der Nebenerwerbslandwirtschaft gibt.[68]

Tabelle 1: Anteil der Beschäftigten im Sektor Landwirtschaft, Forstwirtschaft, Fischerei an der beschäftigten zivilen EU-Erwerbsbevölkerung in % im Jahr 1999

Belgien	Dänemark	Deutschland	Griechenland	Spanien
2,4	3,3	2,9	17,0	7,4
Frankreich	Irland	Italien	Luxemburg	Niederlande
4,3	8,6	5,4	1,7	3,2
Österreich	Portugal	Finnland	Schweden	UK
6,2	12,7	6,4	3,0	1,6

Quelle: Europäische Kommission (2002b), S.T/26

Auch beim Anteil der Landwirtschaft an der Bruttowertschöpfung zeigen sich regionale Unterschiede, auch wenn sie mit Ausnahme Griechenlands nicht so stark ausfallen. Der hohe Anteil der Erwerbsbevölkerung in der Landwirtschaft und der vergleichsweise geringe Beitrag zur Bruttowertschöpfung zeigen die geringe Produktivität der Landwirtschaft.[69]

---

[67] Vgl. Fennell (1997), S.7-11, 25.
[68] Vgl. Koester (2001), S.319.
[69] Vgl. Harrop (2000), S.98.

Tabelle 2: Anteil der Land- und Forstwirtschaft an der Bruttowertschöpfung aller EU-Wirtschaftszweige für das Jahr 2000

Belgien	Dänemark	Deutschland	Griechenland	Spanien
1,3	2,4	1,2	9,4 (3)	4,5 (2)
Frankreich	Irland	Italien	Luxemburg	Niederlande
n.v.	n.v.	2,9 (1)	0,7	2,6 (1)
Österreich	Portugal	Finnland	Schweden	UK
2,1 (1)	3,7 (1)	3,6	2,1 (2)	1,0

(1) Zahlen für 1999
(2) Zahlen für 1996
(3) Zahl für 1994
Quelle: Eurostat (2002), S.162

Weiterhin unterscheidet sich die Betriebsstruktur der Landwirtschaft innerhalb der EU. Während in den südlichen Mitgliedsstaaten kleinere Betriebe vorherrschen, z.B. in Griechenland durchschnittlich 4,3 ha, beträgt die durchschnittliche Betriebsgröße in Großbritannien 69,3 ha.[70] Allgemein ist ein Rückgang der Zahl der landwirtschaftlichen Betriebe zu beobachten, was bei gleichbleibender Anbaufläche zu größeren Betrieben führt.[71] Unterschiede gibt es auch hinsichtlich des Agrarhandels. Während einige Mitgliedsstaaten in hohem Maße auf Importe angewiesen sind, wie z.B. Deutschland oder Großbritannien, exportieren andere Länder Agrarprodukte, so z.B. Frankreich und die Niederlande. Tabelle 3 zeigt neben den Salden der einzelnen EU-Mitgliedsstaaten, dass der Außenhandelssaldo der EU-15 im Agrar- und Lebensmittelhandel negativ ist.[72]

---

[70] Vgl. Europäische Kommission (2002b), S.T/147, T/151.
[71] Vgl. Pretty (2001), S.196-198. Pretty bemängelt, dass dies zwar zu steigenden Skalenerträgen führt, gleichzeitig aber auch negative Effekte auf die Pflanzen- und Tiervielfalt hat. Er sieht ebenfalls negative Folgen für den sozialen Zusammenhalt, durch steigende Landflucht sowie durch sinkende Beschäftigung in der Landwirtschaft. Hierzu vgl. Pretty (2001), S.199-204.
[72] Hierzu vgl. Kapitel 4.1.3.

Tabelle 3: Saldo des Außenhandels im Agrar- und Nahrungsmittelhandel im Jahr 1999 in M€

Belgien	Dänemark	Deutschland	Griechenland	Spanien
2.060	4.490	-13.636	-633	1.950
Frankreich	Irland	Italien	Luxemburg	Niederlande
11.962	4.666	-5.778	-582	16.406
Österreich	Portugal	Finnland	Schweden	UK
-1.162	-2.693	-1.108	-2.314	-12.161

Quelle: Europäische Kommission (2002b), S.T/26f.

Aufgrund dieser strukturellen Unterschiede weichen die agrarpolitischen Standpunkte der Mitgliedsländer voneinander ab, so werden landwirtschaftliche Produktionszuwächse in einigen Ländern höher als in anderen bewertet.[73] So verfolgten in der Vergangenheit einige damalige Nahrungsmittelimporteure wie Spanien oder Griechenland eine aktive Politik der Importsubstitution von Nahrungsmitteln, während Länder wie Frankreich oder die Niederlande versuchten, ihre landwirtschaftliche Produktion für den Export zu steigern.[74] Dies erschwert die Findung einer gemeinsamen Agrarpolitik.

3.4 Die Gemeinsame Agrarpolitik der Europäischen Union (GAP)

3.4.1 Ziele und Entwicklung der GAP

Der Protektionismus der 30er Jahre und die Konzentration auf Selbstversorgung während des Zweiten Weltkrieges gingen der Schaffung einer europäischen Agrarpolitik voraus. Die nationalen Landwirtschaften wurden unterstützt, auch wenn sie nicht wettbewerbsfähig waren. Diese interventionistische Agrarpolitik wurde auch bei der Vorbereitung der Römischen Verträge fortgeführt.[75] Die unterschiedliche Art und das unterschiedliche Ausmaß der Unterstützung der

---

[73] Vgl. Koester/Tangermann (1987), S. 6.

[74] Vgl. Koester/Tangermann (1990), S.66.

[75] Vgl. Harrop (2000), S. 89f. Schon der Name lässt auf eine interventionistische Politik schließen, es wäre aber auch ein Gemeinsamer Agrarmarkt bedenkenswert gewesen, vgl. Kay (1998), S.14.

Landwirtschaft in der EG-6 ließen eine einheitliche Agrarpolitik notwendig werden.[76] Mit der Unterzeichnung der Römischen Verträge 1957 wurden die Grundlagen für die GAP geschaffen. Ihr folgte 1971 eine *Gemeinsame Fischereipolitik*. Die GAP war die erste gemeinsame Politik der EU und ist immer noch -gemessen an ihrem Anteil am EU-Haushalt- die wichtigste Politik der EU.[77] Die Ziele der GAP sind in Art. 33 EG-Vertrag wie folgt festgelegt:

- Steigerung der Produktivität der Landwirtschaft
- die Gewährleistung einer angemessene Lebenshaltung der ländlichen Bevölkerung, v.a. durch Erhöhung des Pro-Kopf-Einkommens der Landwirte
- Stabilisierung der Märkte
- Sicherstellung der Versorgung
- Belieferung der Verbraucher zu angemessenen Preisen.[78]

Ein weiteres, indirekt mit der GAP verknüpftes handelspolitisches Ziel ergibt sich aus Art. 131 EG-Vertrag. Danach wollen die Mitgliedsstaaten durch die Schaffung einer Zollunion „im gemeinsamen Interesse zur harmonischen Entwicklung des Welthandels, zur schrittweisen Beseitigung der Beschränkungen im internationalen Handelsverkehr und zum Abbau der Zollschranken"[79] beitragen.

Die oben genannten Ziele stehen jedoch teilweise in Konflikt zueinander. So ist eine Versorgung der Verbraucher zu angemessenen Preisen u.U. nicht mit einer Erhöhung des Pro-Kopf-Einkommens der ländlichen Bevölkerung in Einklang zu bringen.[80] Die Reihenfolge der Ziele impliziert, dass die Produktivitätssteigerung in der Landwirtschaft als oberstes Ziel gesehen wird, mittels dessen die anderen Ziele erreicht werden sollen. Eine Liberalisierung der GAP und damit ein Ausscheiden kleiner und ineffizienter Agrarbetriebe würde die Produktivität der EU-Landwirtschaft erhöhen, gleichzeitig aber das Pro-

---

[76] Vgl. Folmer et al. (1995), S.10f.
[77] Vgl. Gibbons (1999), S.281 sowie Kay (2001), S.1.
[78] Vgl. Art. 33 EG-Vertrag. Artikel des EG-Vertrages, auf die im Rahmen dieser Arbeit Bezug genommen wird, finden sich in vollem Wortlaut im Anhang I.
[79] Art. 131 EG-Vertrag
[80] Vgl. Koester (2001), S.315.

Kopf-Einkommen der Landwirte verringern.[81] Darüber hinaus sind die Ziele nicht klar formuliert, so muss z.B. aus dem Ziel „Sicherstellung der Versorgung" nicht notwendigerweise ein Streben nach landwirtschaftlicher Autarkie folgen, da sich ein Land außerhalb von Krisenzeiten durchaus auf dem Weltmarkt versorgen kann.[82] Die Unterstützung der Landwirte durch den Preismechanismus der GAP ist durch die oben genannten Ziele nicht zu rechtfertigen, wenn diese mit geringeren volkswirtschaftlichen Mitteln erreicht werden können.[83]

Beginnend mit der Konferenz im italienischen Stresa 1958 bildeten sich die drei Säulen der GAP heraus:

- Ein einheitlicher Agrarmarkt, der den freien Warenaustausch landwirtschaftlicher Güter ermöglicht,

- Gemeinschaftspräferenz, die Landwirte in der EU vor billigen Importen schützen soll,

- Finanzielle Solidarität, die durch den EU-Haushalt finanziert wird und die Gemeinsamkeit sowohl der Politik als auch ihrer Finanzierung betont.[84]

Die schnelle wirtschaftliche Erholung Deutschlands machte es zu einem interessanten Markt für die großen Nahrungsmittelexporteure der EWG Frankreich, Italien und die Niederlande. Die Nahrungsmittelimporteure - neben Deutschland noch Luxemburg und Belgien - waren jedoch nur dann zu einer Marktöffnung bereit, wenn auch ihre eigenen, weniger effizienten Landwirtschaften unterstützt würden.[85] Im Gegenzug bot Frankreich die Öffnung seiner geschützten Märkte für Industrieprodukte an, wovon sich v.a. Deutschland als größter Exporteur von Industrieprodukten Vorteile erhoffte.[86] Dies führte zunächst zur Festsetzung von Getreidepreisen, der aber bald auch die Preise anderer Produkte folgten, um die Preisrelation zwischen den

---

[81] Vgl. Koester (2001), S.316.
[82] Vgl. Koester (2001), S.316.
[83] Vgl. Koester (2001), S.316. Zum Preismechanismus der GAP vgl. Kapitel 3.4.2.
[84] Vgl. Kay (1998), S.14f. und Folmer et al. (1995), S.13. Einen Überblick über den Verlauf der Verhandlungen in Stresa gibt Fennell (1997), S.17-22.
[85] Vgl. Harrop (2000), S.90. Ein Viertel aller Exporte aus Italien und den Niederlanden zu dieser Zeit waren landwirtschaftliche Produkte, vgl. Duchêne/Legg/ Szczepanik (1985), S.27.
[86] Vgl. Koester (2001), S.311.

Agrarprodukten zu wahren.[87] Die Agrarpolitik der EU muss sich mittlerweile neuen Herausforderungen stellen. So sieht sie sich einer wachsenden Besorgnis der Verbraucher bezüglich Produktion und Qualität der Nahrungsmittel sowie Umweltschutz ausgesetzt.[88] Die GAP wurde Ende der 50er und Anfang der 60er Jahre entworfen, so dass die erheblich gewachsene Produktionskapazität der EU und die gewachsenen Ausgaben eine Überarbeitung notwendig erscheinen lassen.[89] Auch die Osterweiterung der EU wird die GAP verändern. Eine weitere treibende Kraft für eine Veränderung der GAP sind die noch ausstehenden Resultate der nächsten Verhandlungsrunde der WTO.[90]

3.4.2 Das Preissystem der GAP

Aus den mit Hilfe der GAP angestrebten Zielen der Marktstabilisierung und der Sicherstellung der Versorgung heraus entwickelte sich ein Preissystem, welches Preisschwankungen ausgleichen sollte, wobei jedoch ein anderes Ziel außer Acht gelassen wurde: die Belieferung der Verbraucher zu angemessenen Preisen.[91]

Innerhalb des Preissystems der GAP existieren vier relevante Preise: Zielpreis, Schwellenpreis, Interventionspreis und Weltmarktpreis. Der Zielpreis P_x ist der Großhandelspreis, der erreicht werden kann, und als Richtwert für die Bestimmung anderer Preise gilt. Dieser Preis ist der Preis in derjenigen europäischen Region, die den geringsten Eigenversorgungsgrad (und damit den höchsten Großhandelspreis) aufweist, z.B. ist dies für Getreide Duisburg.[92] Zum Schwellenpreis P_t werden in die EU importierte Agrarprodukte verkauft. Fallen die Preise unter den Interventionspreis P_i[93], werden mittels des EAGGF jegliche angebotene Mengen, die in der EU produziert wurden, zu diesem Preis aufgekauft. In Abbildung 1 ist das die Differenz zwischen Q_1 und Q_2. Der

---

[87]   Vgl. Harrop (2000), S.90.
[88]   Vgl. EORG (2002), S.3, 7.
[89]   Vgl. Koester/Tangermann (1990), S.95f.
[90]   Vgl. Europäische Kommission (1997), S.20-22 sowie Kap. 6.1.1.
[91]   Vgl. Fennell (1997), S.189.
[92]   Vgl. Harrop (2000), S.92

Weltmarktpreis P_w gibt den Preis an, zu dem die Verbraucher in die EU importierte Waren auf einem freien Markt kaufen könnten. Da aber verschiedene Zölle erhoben werden und Ausgleichszahlungen geleistet werden müssen, können die Anbieter in der EU nicht von Importeuren unterboten werden.[94] Die EU muss ihre wachsenden Überschüsse zum Preis P_w auf dem Weltmarkt absetzen. Dazu benutzt sie Exportsubventionen in Höhe der Differenz $P_i - P_w$,[95] v.a. um die Lagerkosten in der EU niedrig zu halten.[96] Umgekehrt werden in die EU importierte Waren mit Zöllen in Höhe von $P_w - P_t$ belegt, um sicherzustellen, dass die Importe die in der EU produzierten Waren preislich nicht unterbieten können.[97]

Abbildung 1: Das Preissystem der GAP

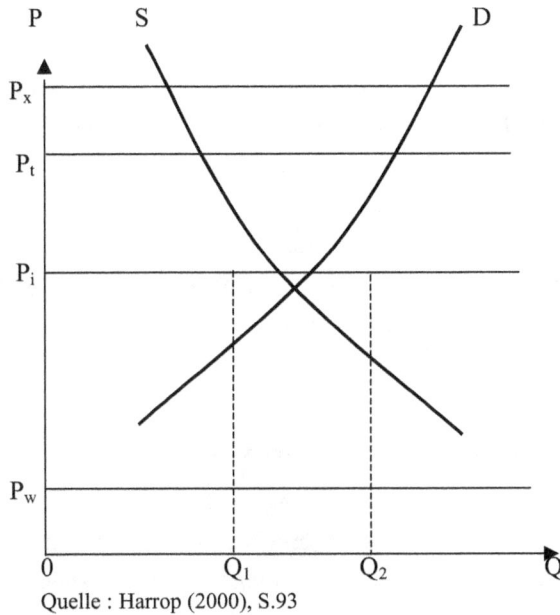

Quelle : Harrop (2000), S.93

---

[93] Der Interventionspreis ist ein politischer Preis, der vom Ministerrat jährlich neu festgelegt wird, vgl. Loseby/Piccinini (2001), S.144. P_i wird also nicht durch Angebot und Nachfrage bestimmt.
[94] Vgl. Harrop (2000), S.92f.
[95] Vgl. Harrop (2000), S.94.
[96] Vgl. Fennell (1997), S. 190f. Beim Export wird P_w in der Praxis an das Preisniveau des importierenden Landes angepasst, vgl. Fennell (1997), S. 190f.
[97] Vgl. Harrop (2000), S.93.

Das Preissystem der GAP beeinflusst den Weltmarkt also doppelt. Mit Hilfe der Zölle schottet sich EU gegen Importe ab, die durch die Zollerhebung der EU nicht mehr wettbewerbsfähig sind. Mit Hilfe der Exportsubventionen unterbietet sie den Weltmarktpreis, so dass die Produkte anderer Länder auf dem Weltmarkt nicht mehr konkurrenzfähig sind. Wegen dieser doppelten Wirkung wird das Preissystem auch als Export-Import-Schleuse bezeichnet.[98]

Die hohen Preise, die die GAP den Produzenten garantiert, lassen Preissenkungen bei steigendem Angebot nicht zu. Zusätzlich reduziert die Preisfestlegung die Unsicherheit über zukünftige Preisentwicklungen. Der Preismechanismus wirkt dann nicht mehr als Anreiz zur Produktionseinschränkung oder -ausweitung. Die Folge war eine Produktionssteigerung.[99] Die vollständige Preis- und Absatz-garantie enthielt zudem starke Anreize zur Produktionsausweitung. Dies führte zu erheblichen Produktionsüberschüssen, durch deren Einlagerung die bekannten Butterberge und Milchseen.[100] Die hohen Preise wurden auch durch die nationalen Agrarpolitiken bedingt, die an der Überzeugung aus Kriegszeiten festhielten, dass die Landwirtschaft als notwendiger Wirtschaftssektor beizubehalten sei.[101] Das System der GAP sollte sich ursprünglich durch Importzölle selbst finanzieren, wurde aber schon bald zum größten Einzelposten im EU-Haushalt.[102]

3.4.3   Der Außenschutz der GAP

Zusätzlich zum Preismechanismus schützt die GAP den EU-Binnen-markt nach außen mit weiteren Mitteln. Ein Merkmal des Außen-schutzes der EU ist die häufig vorkommende *Zolleskalation*. Der Zollsatz steigt dann mit zunehmendem

---

[98]   Vgl. Höhmann-Hempler (1997), S.20.
[99]   Vgl Kay (1998), S.18.
[100] Vgl. BMF (2002).
[101] Vgl. Kay (1998), S.16.
[102] Vgl. Kay (1998), S.17, 22.

Verarbeitungsgrad an. Beispiele für landwirtschaftliche Produkte sind die steigenden Zollsätze für Tabak und Zigaretten oder für Orangen und Orangensaft.[103] Bei einer weitergehenden Beschreibung ist zunächst zwischen tarifären und nichttarifären Handelshemmnissen (NTB) zu unterscheiden. NTB sind protektionistische Maßnahmen, die anstelle oder zur Ergänzung von Zöllen zur Lenkung von Außenhandelsströmen eingesetzt werden.[104] Als NTB im Agrarsektor gelten alle Beschränkungen von Außenhandelsströmen, die nicht spezifische Zölle, Wertzölle oder Steuern sind.[105] Häufig werden im Agrarsektor Gleitzölle benutzt, mit deren Hilfe auf der Importseite ein möglichst fester Einfuhrpreis realisiert werden soll, indem der zu zahlende Betrag im Verhältnis zum Gesamtwert der importierten Ware variabel gestaltet wird.[106] Freiwillige Exportbeschränkungsabkommen stellen ein Beispiel für mengenkontrollierende Maßnahmen dar.[107] Eine neuere Art der nichttarifären Handelsbeeinflussung ist der im Rahmen der Uruguay-Runde der WTO vereinbarte Mindestmarktzugang, den die EU Drittländern im Agrarsektor anbieten muss, auf den jedoch Präferenzabkommen, z.B. für die AKP-Staaten, anrechenbar sind. In der Uruguay-Runde wurde ferner eine weitgehende Tarifizierung beschlossen. Dabei werden NTB in Zölle umgewandelt, bevor in einem zweiten Schritt auch diese Zölle abgebaut werden sollen.[108]

3.4.4   Erfolg der GAP

Trotz der Kritik an der GAP war sie dennoch in einigen Bereichen sehr erfolgreich. Neben der Schaffung eines einheitlichen, transparenten Marktes ermöglichte sie der EU, sich bis heute weitgehend zu einem Selbstversorger von

---

[103]   Vgl. Atkinson (2000), S.310f.

[104]   Vgl. Lang (1993), S.1530.

[105]   Vgl. Herrmann (1998), S.161f.

[106]   Vgl. Herrmann (1998), S.162. Die in der europäischen Agrarmarktpolitik häufig vorkommenden. Gleitzölle werden teilweise als NTB gesehen, vgl. Herrmann (1998), S.162.

[107]   Vgl. Lang (1993), S.1530.

[108]   Vgl. Herrmann (1998), S.159, 163-165. Andernfalls hätten die sich industrialisierenden Länder Asiens ohne WTO-Regelungen ihre Agrarmärkte in ähnlichem Ausmaß wie die EU oder USA regulieren können und damit den Weltagrarhandel noch stärker verzerrt, vgl. Josling (1998), S.5-7.

Agrarprodukten zu entwickeln. Zusammen mit den anwachsenden Lagerbeständen ist dadurch das Risiko einer Nahrungsmittelknappheit minimiert worden. Durch die GAP sind die Preise für Agrarprodukte und damit auch die Einkommen der Landwirte in der EU stabilisiert worden. Diese Preise stiegen im Vergleich zu den Verbraucherpreisen moderater, da ein Teil des Anstiegs der Verbraucherpreise durch die Weiterverarbeitung landwirtschaftlicher Produkte erklärt werden kann.[109] Die EU hält durch ihre Interventionspreise die Agrarpreise auf einem höheren Niveau als dies bei Freihandel möglich wäre. Dadurch widerspricht sie dem im EG-Vertrag festgelegten Ziel der Belieferung der Verbraucher zu angemessenen Preisen.[110] Abbildung 2 auf der nächsten Seite vergleicht die Preise auf dem Weltmarkt und innerhalb der EU für einige Agrarprodukte, die sich um bis zu 160% unterscheiden können.[111]

Abbildung 2:

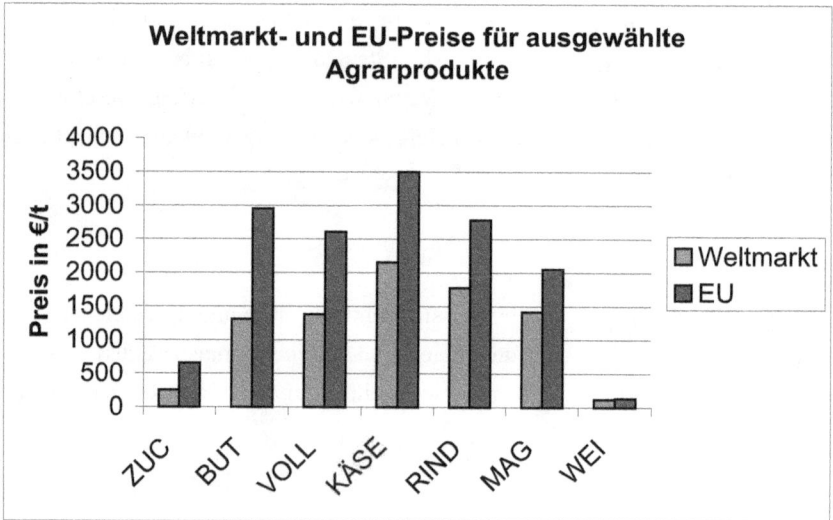

Weltmarkt- und EU-Preise für ausgewählte Agrarprodukte

Quelle: Koester (2002), S.138
ZUC: Zucker, BUT: Butter, VOLL: Vollmilchpulver, KÄSE: Käse, RIND: Rindfleisch, MAG: Magermilchpulver, WEI: Weizen

---

[109] Vgl. Barrass/Madhavan (1996), S.252f.
[110] Vgl. Bale/Koester (1984), S. 12f.

Die Ziele der GAP des Art. 33 EG-Vertrag finden weniger Zuspruch seitens der Verbraucher, nach deren Meinung die EU die GAP benutzen sollte, um v.a. gesunde Agrarprodukte und Umweltschutz zu erreichen.[112] Die gegenwärtige Entwicklung der GAP, eine Verringerung der Agrarsubventionen zugunsten von Direktzahlungen an Landwirte, wird von der Mehrheit der Verbraucher begrüßt.[113] Weitere Reformen liegen also sowohl im Interesse der Verbraucher als auch der Landwirte, deren Einkommensverteilung immer ungleicher geworden ist. So erreichen etwa 80% der GAP-Ausgaben nur diejenigen 20% der EU-Landwirte, die ihre Produktion rationalisieren und intensivieren konnten.[114]

3.5 Der Richtungsstreit innerhalb der europäischen Agrarpolitik

Schon bei den Verhandlungen zu den Römischen Verträgen und bei der Ausarbeitung der GAP zeigten sich unterschiedliche Standpunkte der sechs Gründerstaaten, deren nationale Agrarpolitiken und jeweilige Wertschätzung für die Landwirtschaft stark divergierten. Die Positionen Frankreichs, dem bedeutendsten Agrarland der EG-6, und seiner mächtigen nationalen Agrarlobby setzten sich schließlich durch und ermöglichten so eine Produktionssteigerung der französischen Landwirtschaft um 50% in den 60er Jahren.[115]

3.5.1 Renationalisierung der Agrarpolitik als Ausweg aus der Krise ?

Vor dem Hintergrund des Subsidiaritätsprinzips wird eine - zumindest teilweise - Renationalisierung der EU-Agrarpolitik diskutiert, um besser auf regionale klimatische sowie geologische Differenzen in der EU eingehen zu können.[116] Durch den Wegfall eines Anreizes zur Produktionsausweitung, für die bei einem

---

[111] Vgl. Koester (2002), S.138.
[112] Vgl. EORG (2002), S.7.
[113] Vgl. EORG (2002), S.15 sowie Kapitel 3.6.1 und 3.6.2.
[114] Vgl Barrass/Madhanvan (1996), S.253.
[115] Vgl. Fearne (1991a), S.33-35. Für einen Überblick über die unterschiedlichen Verhand-
       lungspositionen bei der Ausarbeitung der GAP vgl. Fearne (1991a), S.33-45.
[116] Vgl. Lenschow (1998), S.181.

gemeinsamen Budget andere Staaten zahlen, gibt es keine free rider mehr und die Überschussproduktion würde sich bei gleichzeitigen Wohlfahrtsgewinnen reduzieren.[117] Doch auch bei einer Renationalisierung käme es zu Kosten. Die Ungleichheit der Verteilung von Subventionen würde sich nur auf eine niedrigere Ebene verteilen.[118] Es besteht aber die Gefahr, dass sich dann unterschiedliche Unterstützungsniveaus und somit Preisverzerrungen zwischen reicheren und ärmeren Mitgliedsstaaten ergeben, zudem würde sich nichts an den internationalen Verpflichtungen der EU im Rahmen der WTO ändern.[119] Die Einführung der GAP wurde aber gerade mit der Vermeidung unwillkommener Entscheidungen auf nationaler Ebene begründet.[120] Die Auswirkungen einer Renationalisierung der EU-Agrarpolitik auf Entwicklungsländer sind schwer zu benennen. Sie wären aber auf jeden Fall negativ zu bewerten, sollten die dann renationalisierten Agrarpolitiken auf eine Stärkung der jeweils nationalen Autarkie[121] abzielen. Dann wäre zumindest mit einer weiteren Steigerung der Überschussproduktion zu rechnen.

3.5.2 Die unterschiedlichen Agrarlobbies

Die starke Position der Agrarlobbies gegenüber anderen Interessenvertretungen ergibt sich aus der für Landwirte nur beschränkt bestehenden Möglichkeit des exit nach Hirschmans[122] exit-voice-Modell aufgrund der ökonomischen Strukturen der Landwirtschaft, so dass die Bauern die Möglichkeit des voice, der politischen Äußerung ihrer Interessen, wählen. Dadurch können sie ihre Interessen wirksamer als Verbraucherorganisationen durchsetzten, so dass die Agrarpolitik oft den Produzenten bevorzugt.[123] Die steigenden Ausgaben für die GAP in der Vergangenheit sind auch durch den Zwang zur Einstimmigkeit bei der Entscheidungsfindung im Ministerrat nach dem Kompromiss von Luxemburg 1966 erklärbar. Um ein mögliches Veto eines Mitgliedsstaates bei

---

[117] Vgl. Folmer et al. (1995), S.267.
[118] Vgl. Duchêne/Legg/Szczepanik (1985), S.44.
[119] Vgl. Lenschow (1998), S.181f.
[120] Vgl. Duchêne/Legg/Szczepanik (1985), S.44.
[121] Vgl. Kapitel 3.3.
[122] Vgl. Hirschman (1970), S.3-5, 15-43.
[123] Vgl. Kay (1998), S.79.

der jährlichen Preisfestlegung zu verhindern, wurden die Preise immer so weit angehoben, dass kein Staat mit den beschlossenen Preisen unzufrieden war. Dieser Zwang ist jedoch so nicht mehr gegeben.[124]

Im Agrarbereich übt eine Vielzahl von Gruppen Einfluss auf die Entscheidungsfindung aus. Die nationalen Regierungen versuchen, ihre Positionen durchzusetzen, die oftmals von innenpolitischen Themen bestimmt sind. Die nationalen Landwirtschaftsverbände haben traditionell großen Einfluss auf die jeweiligen Agrarminister, die im Ministerrat Entscheidungen treffen, v.a. die britische *National Farmers Union* und der *Deutsche Bauernverband* (DBV).[125] Diese Verbände werden oftmals von Betreibern großer landwirtschaftlicher Betriebe dominiert.[126] Die nationalen Lobby-Verbände sind in sich nicht homogen, vielmehr gibt es auch dort Interessenskonflikte regionaler Natur oder aufgrund unterschiedlicher Betriebsgrößen.[127] Wegen der zurückgehenden Anzahl der Betriebe und des zunehmenden Drucks anderer Politikbereiche, etwa des Umweltschutzes, ist eine Beibehaltung des starken Einflusses der Landwirtschafts-Lobby aber fraglich.[128]

Die Landwirtschaftsverbände haben sich auf europäischer Ebene zum *Comité des Organisations Professionnelles Agricoles* (COPA) zusammengeschlossen, um gemeinsame Positionen v.a. gegenüber der Kommission zu vertreten. Die landwirtschaftliche Lobby-Arbeit wird somit doppelt auf nationaler und auf EU-Ebene durchgeführt. Daneben üben Verbraucherorganisationen, Umweltgruppen und die Agrarprodukte verarbeitende Industrie Einfluss aus.[129] Die korporatistische Tradition der europäischen Agrarpolitik lässt COPA und ihre Mitgliedsverbände großen Einfluss auf die Entscheidungsfindung ausüben.[130] Die Entwicklungsländer haben dagegen Schwierigkeiten, ihre Interessen wirksam zu

---

[124] Vgl. Kay (1998), S.79f.
[125] Vgl. Fearne (1991b), S. 102 sowie Kay (1998), S.157.
[126] Vgl. Duchêne/Legg/Szczepanik (1985), S.104.
[127] Vgl. Duchêne/Legg/Szczepanik (1985), S.177.
[128] Vgl. Duchêne/Legg/Szczepanik (1985), S.175f.
[129] Vgl. Kay (1998), S.3f. Der Einfluss der Landwirtschaftsverbände wird so stark eingeschätzt, dass sie sogar als Kartell gesehen werden, vgl. Folmer et al. (1995), S. 252-254.
[130] Vgl. Lenschow (1998), S.166.

vertreten.[131] Erst in jüngerer Zeit fungieren einige NGOs wie Oxfam als Lobby für die Interessen der Entwicklungsländer.[132]

Der DBV widersetzte sich dann auch den Änderungen der Agenda 2000 entschieden.[133] Trotz des Drucks von europäischen Interessensvereinigungen anderer Wirtschaftsbereiche wandte sich COPA gegen Zugeständnisse der EU im Agrarbereich bei den WTO-Verhandlungen und forderte vielmehr eine Ausweitung der EU-Agrarpolitik.[134]

3.6 Reformen der GAP

Schon knapp zehn Jahre nach der Einführung der GAP wurde im Mansholt-Plan eine Änderung der landwirtschaftlichen Produktionsstruktur angedacht.[135] Reformen der GAP sind in den vergangenen Jahrzehnten aus mehreren Gründen notwendig geworden, wurden jedoch nur langsam verfolgt und dies meistens auch nur aufgrund von externem Druck, z.B. durch Budgetschwierigkeiten der GAP, einseitige Liberalisierung anderer Agrarexporteure wie Neuseeland oder durch Verpflichtungen im Rahmen internationaler Abkommen.[136]

Die Festlegung eines Preises oberhalb des Gleichgewichtspreises durch die EU führte zu Überproduktion und strukturellen Produktionsüberschüssen.[137] Die Kritik innerhalb der EU bezog sich v.a. auf die Finanzierung der GAP, allerdings brachten auch andere Politik-Bereiche der EU eine Notwendigkeit zur Reform mit sich, u.a. die Einführung des Einheitlichen Europäischen Marktes, sich ändernde Verbrauchergewohnheiten, z.B. durch BSE, die verschiedenen Erweiterungen der EU sowie eine wachsende Besorgnis der Konsumenten über Umweltfragen. Die Ergebnisse der Uruguay-Runde im Rahmen der WTO-Verhandlungen schließlich zwangen die EU zu Reformen und einer (wenn auch

---

[131] Vgl. Dearden/Salama (2001), S.9.
[132] Vgl. Oxfam (2003).
[133] Vgl. Born (1999), S.59-62.
[134] Vgl. Fennell (1997), S.380.
[135] Zu den Details des Mansholt-Plans vgl. Kay (1998), S. 33-37.
[136] Vgl. Fennell (1997), S. 155 sowie Tangermann (1997), S.2f.
[137] Vgl. Harrop (2000), S.100.

beschränkten) Marktöffnung.[138] Daher sollen hier kurz die beiden wichtigsten Reformen der letzten Jahre vorgestellt werden.

3.6.1 Die Mac Sharry-Reform[139]

Die Mac Sharry-Reform 1992 brachte entscheidende Änderungen der GAP.[140] Durch eine Senkung des Stützpreises für Getreide und eine an Ausgleichszahlungen gekoppelte Flächenstilllegung konnte die EU in der Folgezeit ihre Getreideexporte deutlich reduzieren und so ihren GATT-Verpflichtungen nachkommen.[141] Die Absenkung des Getreidepreises ließ auch die Produktionskosten für Milch und Rindfleisch fallen und erlaubte dort ebenfalls eine Preissenkung. Die Wirkung der Reformen des Marktes für Rindfleisch bezüglich des Verbraucherschutzes und der Unterstützung der Produzenten wurden durch die BSE-Krise ab 1996 vollkommen überlagert.[142] Die Mac Sharry-Reform führte zum ersten Mal direkte Zahlungen an die EU-Landwirte ein.[143] Damit wurden die EU-Zahlungen an sie nicht mehr ausschließlich an die landwirtschaftliche Produktion gekoppelt,[144] was den Anreiz zur Produktionsausweitung für Landwirte verringerte.

Die Entwicklung an den Weltmärkten machte jedoch die positiven Aspekte der Mac Sharry-Reform für Getreide zu Nichte, da die Weltmarktpreise für Getreide über die gestützten EU-Preise stiegen.[145] Dies hätte einen starken Anreiz für die EU-Landwirte bedeutet, die Exporte zu erhöhen. Als Resultat wäre aber wohl auch der Preis innerhalb der EU gestiegen. Die EU dagegen griff in den Markt ein, um den Preis niedrig zu halten, und führte Exportsteuern ein, die mit weiter steigenden Weltmarktpreisen ebenfalls erhöht wurden. Dies steigerte jedoch nur die preisliche Instabilität auf den Weltmärkten, denn ein erhöhtes Angebot durch vermehrte EU-Exporte hätte den Anstieg der Weltmarktpreise abbremsen

---

[138] Vgl. Gibbons (1999), S.286.
[139] Die Reform wurde nach dem damaligen Agrarkommissar Raymond Mac Sharry benannt.
[140] Vgl. Gibbons (1999), S.290-292.
[141] Vgl. Tangermann (1997), S.4.
[142] Vgl. Tangermann (1997), S.4, 7.
[143] Vgl. Kay (1998), S.72.
[144] Vgl. Von der Knesebeck/Neumair (2002), S.26.
[145] Vgl. Tangermann (1997), S.4f.

können. Diese (künstlich erzeugte) Volatilität schadete besonders den Entwicklungsländern mit einem hohen Bedarf an Getreideimporten.[146] Dieses Beispiel für negative Protektion entsprach zwar der EU-Logik der Marktabschirmung, verletzte aber den Geist des GATT-Abkommens, da sich Preisänderungen auf dem Weltmarkt nicht auf die Preise des EU-Binnenmarktes niederschlugen.[147]

3.6.2 Agenda 2000

Der Europäische Rat in Berlin beschloss am 26. März 1999 eine Reihe von Reformen, die so genannte Agenda 2000. Im Agrarbereich wird die Mac Sharry-Reform weitergeführt, gleichzeitig aber auch auf externe Einflüsse reagiert: die sich abzeichnende EU-Osterweiterung, die Beschlüsse der Uruguay-Runde der WTO und die Erwartung der Beschlüsse einer neuen WTO-Verhandlungsrunde.[148] Angesichts steigender Ausgaben für den Agrarbereich und Handelsverzerrungen wurden weitere Schritte hin zur Einführung marktwirtschaftlicher Kräfte im Agrarsektor und zur Erhöhung allokativer und distributiver Effizienz unternommen.[149]

Unter anderem wurde eine Absenkung des Interventionspreises für Milch um 15% ab 2005, für Getreide um 15% in zwei Stufen und für Rindfleisch um 20% in zwei Stufen sowie eine Angleichung der Zahlungen für den Anbau von Ölsaaten an jene für den Anbau von Getreide beschlossen.[150] Wiederum wurde der Zuckermarkt trotz Reformbedarfs nicht in die beschlossenen Agrarreformen einbezogen.[151] Die Agenda 2000 brachte agrarpolitisch keine Neuerungen, sondern vertiefte die MacSharry-Reform. Insgesamt wurde die Reformstrategie für die GAP fortgesetzt.[152] Besondere Berücksichtigung findet der Begriff der *Multifunktionalität* der Landwirtschaft, mit dem die Rolle der Landwirte bei Naturschutz und Landschaftspflege anerkannt und mittels Direktzahlungen

---

[146] Vgl Tangermann (1997), S.5. und Kap. 6.2.3.
[147] Vgl. BML (1996), S.4.
[148] Vgl. Van Meijl/Van Tongeren/Veenendaal (2000), S.11.
[149] Vgl. Europäische Kommission (2000), S.93.
[150] Vgl. Koester (2000), S.195.
[151] Vgl. Tangermann (1997), S.27.
[152] Vgl. Von der Knesebeck/Neumair (2002), S.27.

subventioniert werden soll.[153] Diese Zahlungen sind WTO-konform und könnten den EU-internen Widerstand gegen eine weitere Liberalisierung abschwächen.[154] Ob die vorgenommenen Veränderungen ausreichen, um den im Rahmen der nächsten WTO-Verhandlungsrunde zu erwartenden Änderungen zu begegnen, ist jedoch fraglich. Insbesondere bei der Milch- und Zuckerproduktion können weitere Modifikationen notwendig werden.[155] Die Reformen der Agenda 2000 wirken sich jedoch hauptsächlich auf die Konkurrenten der EU, die USA, Australien und Neuseeland, und nur in geringem Maße auf die Entwicklungs-länder, denen durch die Reformen kein weiterer Marktzugang gewährt wird.[156] Eine schnelle Umsetzung der Reformen ist aber fraglich, da eine Gruppe von sechs Mitgliedsstaaten im September einen französischen Vorstoß zur Verteidigung der bisherigen Form der GAP unterstützte, der den von Agrarkommissar Fischler vorgebrachten Änderungen widerspricht. Als Ausgleich für eine grundsätzliche Beibehaltung der Reformen wird daher eine mögliche Verschiebung ins Jahr 2006 diskutiert.[157] Auch die Ausarbeitung einer EU-Strategie für die kommenden Agrarverhandlungen im Rahmen der WTO wird von den Befürwortern der Agrarsubventionen behindert.[158]

---

[153] Vgl. Von der Knesebeck/Neumair (2002), S.28f. Die Multifunktionalität der Landwirtschaft kann aber auch zur Begründung für die Aufrechterhaltung von Protektionismus dienen. Statt der landwirtschaftlichen Produktion müsste die Landschaftspflege selbst subventioniert werden, vgl. Stoeckel (2000), S.36, 38.

[154] Vgl. Van Meijl/Van Tongeren/Veenendaal (2000), S.30.

[155] Vgl. Koester (2000), S.200.

[156] Vgl. Van Meijl/Van Tongeren/Veenendaal (2000), S.30.

[157] Vgl. The Economist (2002), S.30f.

[158] Vgl. The Economist (2003), S.68.

4. Agrarhandel

Die Weltmärkte für Rohstoffe und damit auch die Weltagrarmärkte weisen einige für die Entwicklungsländer besonders gravierende Tendenzen auf. So fallen langfristig die Preise auf den Weltmärkten, was die terms of trade (t.o.t.) der rohstoffexportierenden Länder verschlechtert.[159] Diese Verschlechterung ist für die Länder Afrikas besonders schwerwiegend, da sie aufgrund mangelnder Kapitalgüterproduktion auf den Import von Maschinen und Vorprodukten angewiesen sind,[160] die sich mit fallenden t.o.t. für sie verteuern. Die langfristig sinkenden Weltmarktpreise sind jedoch durch Klimaänderungen, Börsenspekulationen, Konjunkturschwankungen in den Abnehmerländern etc. kurzfristig sehr volatil, so dass Planungen in den Exportländern mittelfristig kaum möglich sind.[161] Hinzu kommt die geringe Elastizität der Nachfrage nach den meisten Rohstoffen. Diese negativen Auswirkungen werden meist auf die schwächsten Glieder in der Rohstoffkette abgewälzt, Kleinbauern und Minenarbeiter.[162] In jüngerer Zeit hat zudem die Nutzung von Rohstoffen als Kapitalsicherheit und zu Spekulationszwecken die Volatilität der Märkte noch erhöht. Zwischen den Primärmärkten, auf denen die Produzenten ihre Erzeugnisse absetzen, und den Sekundärmärkten bestehen aber kaum Verbindungen,[163] so dass die Produzenten auf die Preisschwankungen der Sekundärmärkte kaum Einfluss nehmen können.

Langfristig fällt darüber hinaus die Nachfrage nach Rohstoffen in den Industrieländern, zum einen durch die wachsende Bedeutung des Dienstleistungssektors, zum anderen durch Materialeinsparung und Substitution, z.B. von Zucker durch synthetisch hergestellte Fructose.[164] Dieser langfristig fallenden Nachfrage begegneten die Entwicklungsländer jedoch nicht mit einer Einschränkung, sondern einer Ausweitung des Angebotes, teilweise sogar auf Anraten von IWF und Weltbank, mit dem Ziel, die während der achtziger Jahre aufgelaufenen Schulden abzutragen. Dies führte zu einem erneuten Absinken

---

[159] Vgl. Ziai (2000), S.54.
[160] Vgl. Kappel (1999b), S.26.
[161] Vgl. Ziai (2000), S.54.
[162] Vgl. Ziai (2000), S.54.
[163] Vgl. Greenidge (1998), S.53-55.

der Weltmarktpreise für die Exportgüter der Entwicklungsländer.[165] Die negativen Folgen dieser allgemeinen Markttendenzen werden durch die Eingriffe in den internationalen Agrarmarkt noch verstärkt.

4.1 Die internationale Agrarhandelsordnung

Entscheidende Bedeutung im internationalen Agrarhandel hat der Getreidehandel, da Getreide nicht nur der menschlichen Ernährung, sondern auch als Basis für die Erzeugung von Milch, Eiern und Fleisch dient.[166]

4.1.1 Marktstörungen und Protektionismus im internationalen Agrarhandel

Durch Handel untereinander profitieren Länder, da sie nun Güterkombinationen konsumieren können, die ohne Handel nicht möglich wären. Sie können sich durch Handel auf die Produktion derjenigen Güter spezialisieren, bei deren Produktion sie komparative Kostenvorteile aufweisen und Güter erwerben, die sie nicht selber produzieren können. Bei weltweitem Freihandel kann daher von einer weltweiten Maximierung der Wohlfahrt und des Outputs ausgegangen werden.[167] Ein Eingriff in den Freihandel führt dagegen zu einer weltweiten Wohlfahrtsminderung, auch wenn die Erhebung eines Zolles die Wohlfahrt des zollerhebenden Landes steigern kann, sofern dessen Importe groß genug sind, um den Weltpreis zu beeinflussen.[168]

Die wahren Kosten der Agrarprotektion werden oftmals nicht deutlich, da meistens Zölle und Einfuhrkontingente als Protektionsmittel verwendet werden, die teilweise sogar Einkommen für den Staat darstellen. Dennoch stellen Zölle und Einfuhrkontingente v.a. Transfers von den Konsumenten zu den

---

[164] Vgl. Ziai (2000), S.54.
[165] Vgl. Ziai (2000), S.54f. und Kap. 4.2.
[166] Vgl. Höhmann-Hempler (1997), S.14.
[167] Vgl. Saunders (1991), S.166.
[168] Vgl. Saunders (1991), S.167. Saunders weist darauf hin, dass der Grund für die Erhebung oder Nicht-Erhebung eines Zolles meistens in anderen nationalen Interessen liegt als der Seigerung der inländischen und/oder weltweiten Wohlfahrt. Vgl. Saunders (1991), S.167.

Produzenten dar. Gerade bei Nahrungsmitteln und Agrarprodukten sind die Konsumenten jedoch kaum organisiert.[169]

Eingriffe in bestimmte Teilmärkte des Agrarhandels haben auch Auswirkungen auf andere Teilmärkte. So wird in der EU traditionell als Viehfutter verwendetes Getreide, dessen Preis sich durch die Intervention der EU erhöht, durch billigere, importierte Futtermittel wie Soja oder Tapioka ersetzt. Gleichzeitig muss die EU nun ihre Getreideüberschüsse auf dem Weltmarkt absetzen, auf dem sie aber nur durch Exportsubventionen wettbewerbsfähig ist, die den Weltmarktpreis künstlich niedrig halten und für die EU eine erneute Belastung durch höhere Kosten darstellen.[170] Die höheren Preise für Agrarprodukte in der EU sind auch eine Belastung für die Ernährungsindustrie, die ihre Vorprodukte zu höheren Preisen einkaufen muss. Als Ausgleich gewährt die EU auch auf verarbeitete Nahrungsmittel Exportsubventionen, deren Beibehaltung jedoch im Rahmen zukünftiger WTO-Runden fraglich ist.[171] Die GAP führt zudem innerhalb der EU zu künstlichen Handelsströmen. Durch den Gebrauch von importierten Getreidesubstituten als Tierfutter, z.B. Soja aus Brasilien, siedelten sich viele Züchter in der Nähe der Einfuhrhäfen an. Der Fortbestand dieser Handelsströme hängt von der zukünf-tigen Politikgestaltung in der EU ab und wäre bei der Errichtung neuer Handelsschranken gefährdet.[172]

Agrarprotektionismus kann auch als *public choice*-Problem gesehen werden,[173] da ein politischer Entscheidungsprozess mit Hilfe mikroökonomischer Instrumentarien erklärt werden soll und die Entscheidungsträger in diesem Prozess Eigeninteressen vertreten.[174] Dies trifft durchaus auf die GAP zu. Die Entscheidungsträger im Agrarministerrat fällen Entscheidungen auf einer internationalen Ebene, werden aber auf nationaler Ebene gewählt, so dass sie

---

[169] Vgl. Stoeckel (2000), S.13.
[170] Vgl. Buckwell (1991), S.233 und Kap. 3.4.1.
[171] Vgl. Tangermann (1997), S.10. Tangermann (1997) sieht dies als einen Beweis für den durch die GAP hervorgerufenen gesamtwirtschaftlichen Schaden an, gegen den die nahrungsmittelproduzierende Industrie jedoch nicht protestiert, da einige Teilindustrien, z.B. für Zucker oder Milchverarbeitung, von der GAP profitieren, vgl. Tangermann (1997), S.10.
[172] Vgl. Folmer et al. (1995), S.51.
[173] Vgl. Stoeckel (2000), S.1.
[174] Vgl. Fehl (1993), S.1756.

letztendlich zur Sicherung ihrer Wiederwahl nationale Interessen verfolgen werden, die nicht im EU-Interesse liegen müssen.

Die oftmals von Entwicklungshilfe- und Umweltorganisationen vorgebrachte Sorge, dass eine Ausdehnung des Freihandels im Agrarsektor zu einem *race to the bottom* führe, da diejenigen Länder mit den niedrigsten Umweltstandards am billigsten produzieren könnten,[175] kann auch anders gesehen werden. Die geringeren Produktionskosten in den Entwicklungsländern sind eher Ausdruck geschickt genutzter komparativer Kostenvorteile.[176] Darüber hinaus zeigt die Tatsache, dass der Umweltschutz nicht Ziel der GAP nach Art. 39 EG-Vertrag ist,[177] dass die EU dem Umweltschutz in der Landwirtschaft keine Priorität einräumt. Die Einführung von (Mindest-) Umweltstandards, wie in den Verhandlungen der WTO gefordert, kann vielmehr von den Industrieländern als protektionistische Maßnahme missbraucht werden, obwohl gerade sie für den Großteil des globalen Ressourcenverbrauchs und Schadstoffausstoßes verantwortlich sind, und dann die Entwicklungsländer sogar stark in ihrer Entwicklung behindern.[178]

4.1.2 Der Agrarhandel zwischen der Europäischen Union und den Entwicklungsländern

Da in der EU v.a. Produkte gemäßigter Zonen angebaut werden, verneint Buckwell (1991) eine direkte Konkurrenz zwischen EU und Entwicklungsländern und sieht vielmehr Konflikte, wenn tropische Produkte EU-Erzeugnisse ersetzen können, z.B. bei Zucker oder Pflanzenfetten.[179] Allerdings gibt es sehr wohl Entwicklungsländer, die Produkte gemäßigter Zonen anbauen und diese auch exportieren, z.B. in Lateinamerika. Hier hemmt die GAP den möglichen Export in die EU entscheidend, indem sie die weniger effizienten EU-Produzenten effizienteren außerhalb der EU vorzieht. Zusätzlich tritt die EU durch ihre Exportsubventionen als Konkurrent zu anderen

---

[175] Vgl. Lenschow (1998), S.182f. sowie Ziai (2000), S.69.
[176] Vgl. Stoeckel (2000), S.24-26.
[177] Vgl. Lenschow (1998), S.182f.
[178] Vgl. Ziai (2000), S.111f.
[179] Vgl. Buckwell (1991), S.237f.

Exporteuren auf.[180] Die EU bevorzugt zudem Agrarprodukte höherer Qualität einseitig, so dass sie trotz möglicher Selbstversorgung z.B. Weizen höherer Qualität importiert, wodurch sich der Zwang zum Export minderer Qualität noch erhöht.[181]

4.1.3 Die Europäische Union als Agrarexporteur

Die EU ist weltweit sowohl der größte Importeur als auch der größte Exporteur von Agrarerzeugnissen.[182] Sie war immer Netto-Importeur von Agrarerzeugnissen, konnte aber durch die GAP zum Netto-Exporteur einiger wichtiger Produkte wie Getreide werden.[183] Der Status eines Landes als Netto-Exporteur hat keine positiven oder negativen Wirkungen, sondern bedeutet lediglich, dass das Land mehr produziert als nachgefragt wird. Zum Problem wird diese Situation erst, wenn -wie im Fall der GAP- die Inlandspreise über den Weltmarktpreisen liegen und Subventionen zur Exportunterstützung gebraucht werden.[184]

Die EU war 1997-99 zwar insgesamt Netto-Importeur von landwirtschaftlichen Erzeugnissen, doch kann dies fast vollständig durch den Import weniger Produktgruppen wie tropischen Früchten, Tee, Kaffee oder Ölsamen erklärt werden. Netto-Exporteur war sie in hohem Maße von Milch und Milchprodukten, Getreide und Getreideprodukten, Zucker sowie von verarbeiteten Nahrungsmitteln.[185] Da die Produktion schneller anstieg als der interne Verbrauch, konnte sich die EU Anfang der 90er Jahre mit den meisten Agrarprodukten selbst versorgen.[186]

---

[180] Vgl. Grilli (1994), S.246f.
[181] Vgl. Koester/Tangermann (1990), S.71.
[182] Vgl. Europäische Kommission (2002b), S.T/180f.
[183] Vgl. Van Meijl/Van Tongeren/Veenendaal (2000), S.26.
[184] Vgl. Koester (2001), S.351.
[185] Vgl. Europäische Kommission (2002b), S.T/179.
[186] Vgl. Folmer et al. (1995), S.40.

Tabelle 4: Selbstversorgungsgrad der EU bei ausgewählten Agrarprodukten in Prozent

	Weizen	Zucker	Rindfleisch
1973	93	91	96
1990	129	139	111
1998/9	120	n.v.	105
	Käse	Butter	
1973	103	98	
1990	109	121	
1998/9	105	99	

Quellen: Folmer et al. (1995), S.40, Europäische Kommission (2002b), S.T/204f.
(Zahlen für 1973 und 1990 gelten für EG-9)

Eine Liberalisierung des Weltagrarhandels liegt also auch im Interesse der EU. Einerseits kann sie Zollsenkungen im Agrarsektor als Gegenleistung für Zollsenkungen in der Industrie anbieten, andererseits muss sie als großer Nahrungsmittelexporteur an einem verbesserten Marktzugang für ihre Produkte und an der Erschließung neuer Märkte interessiert sein.[187] Dazu wäre sie bei vielen Produkten auch ohne Preisstützung in der Lage.[188] Die Ausgaben für die Preisstützung könnten so eingespart werden.

4.1.4 Die GAP in der Welt

Zunächst soll theoretisch die Wirkung einer Exportsubvention gezeigt werden, bevor dann die Wirkung der GAP im Welthandel betrachtet wird.

4.1.4.1 Wirkung einer Exportsubvention

In der folgenden Graphik werden drei Preise betrachtet: der Weltmarktpreis vor Zahlung der Subvention P_w, der Weltmarktpreis nach Zahlung der Subvention P_s^* und der Preis im exportierenden Land nach Zahlung der Subvention P_s.

---

[187] Vgl. Tangermann (1997), S.12f.
[188] Vgl. Tangermann (1997), S.21. und Kap 6.2.4.

Abbildung 3: Wohlfahrtseffekte einer Exportsubvention

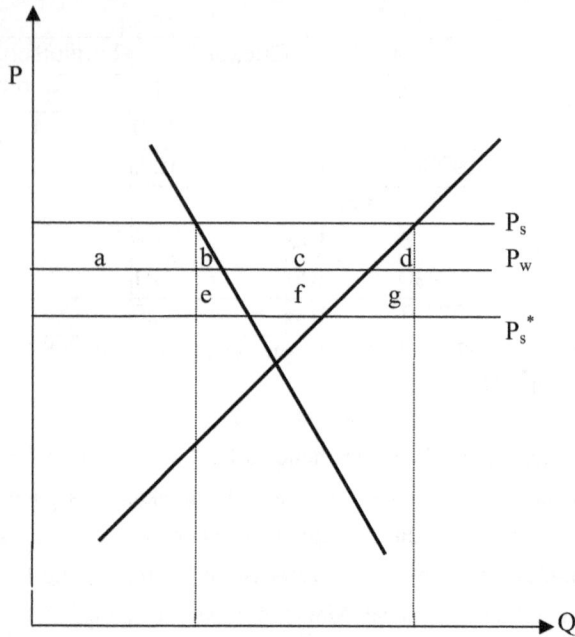

Quelle: Kay (1998), S.24

Durch die Zahlung einer Exportsubvention steigt der Preis im exportierenden Land von P_w auf P_s. Dies ist weniger als der Wert der Subvention, da hier der Fall eines großen Landes angenommen wird, so dass die Exporte des Landes den Weltmarktpreis beeinflussen, der von P_w auf P_s^* fällt. Die Wohlfahrtseffekte lassen sich wie folgt zusammenfassen: die Konsumenten verlieren, die Produzenten gewinnen an Wohlfahrt. Auch der Staat verliert an Wohlfahrt, da er die Exportsubvention zahlen muss.[189]

Der Verlust der Konsumenten (in der EU) umfasst die Flächen a + b, der Gewinn der Produzenten (der Landwirte in der EU) die Flächen a + b + c. Die vom Staat (der EU) gezahlte Subvention umfasst die Flächen b + c + d + e + f + g. Unter der Annahme, dass ein kostenloses System zur Entschädigung möglich ist, ergibt sich ein Netto-verlust an Wohlfahrt in Höhe der Flächen b + d + e + f +g. Der dead weight loss umfasst die Flächen b + d.[190]

---

[189] Vgl. Kay (1998), S.24.
[190] Vgl. Kay (1998), S.24.

4.1.4.2 Die GAP im Welthandel

Die EU widerspricht mit ihrer Agrarpolitik nicht nur internationalen Grundsätzen, sondern auch ihren eigenen, da der Protektionismus der GAP den in Art. 131 EG-Vertrag formulierten Zielen entgegen läuft.[191] Die vom Ministerrat festgelegten Preise stiegen bis Mitte der 80er Jahre, obwohl die Preise auf den Weltagrarmärkten fielen. Dies erhöhte die nominale Protektionsrate für Agrarprodukte, was aufgrund der fallenden Protektion für Industrie-Produkte nach den GATT-Verhandlungen zu Fehlallokationen führte.[192] Schon Ende der 60er Jahre, als die GAP vollständig umgesetzt wurde, war eine Steigerung der Agrarproduktion zur Sicherung der Ernährung der Bevölkerung nicht mehr erforderlich.[193] Darüber hinaus ist fraglich, ob die GAP überhaupt zur Ernährungssicherung in der EU beiträgt, da die Produktion eines Teils der Agrarprodukte erst durch den Import von Vorleistungen wie Futtermittel ermöglicht wird, so dass zwar der Selbstversorgungsgrad der EU hoch ist, in Krisenzeiten jedoch nicht auf diesem Niveau gehalten werden kann. Auch haben die einzelnen Mitgliedsstaaten ein unterschiedliches Interesse an der Verwirklichung des Ziels der Ernährungssicherung aufgrund ihrer jeweils unterschiedlichen nationalen Versorgungslage.[194]

Der Gebrauch von Exportsubventionen im Agrarsektor v.a. durch die Industrieländer war nur möglich, da auf Betreiben der USA die Landwirtschaft ab 1955 frühzeitig von de n GATT-Mechanismen ausgenommen worden war.[195] Einheimische Subventionen waren nach dem GATT zulässig, sollten jedoch möglichst unterbleiben, während Exportsubventionen nur für Rohstoffe und damit auch für landwirtschaftliche Produkte gestattet waren. Darüber hinaus gab es eine Reihe von Maßnahmen, deren Übereinstimmung mit den GATT-Regeln nie genau geklärt wurde, wie z.B. freiwillige Exportbeschränkungen, die

---

[191]   Vgl. Koester (2001), S.316. Die EU will durch schrittweise Beseitigung der Schranken im internationalen Handelsverkehr zur harmonischen Entwicklung des Welthandels beitragen, vgl. Art. 131 EG-Vertrag.

[192]   Vgl. Koester (2001), S.320f.

[193]   Vgl. Koester/Tangermann (1990), S.85.

[194]   Vgl. Koester (2001), S.323.

[195]   Vgl. Fennell (1997), S.44 sowie Höhmann-Hempler (1997), S.21.

variablen Abschöpfungen der GAP bei Importen, die Produktionsbeihilfen der EU bei der Weiterverarbeitung bestimmter landwirtschaftlicher Produkte etc.[196] Die Landwirtschaft war daher einer der wichtigsten Verhandlungspunkte während der Uruguay-Runde der WTO, insbesondere da sie in den vorangegangen Verhandlungsrunden kaum eine Rolle gespielt hatte.[197] Während der Verhandlungen übten v.a. die Cairns Group[198] und die USA Druck auf die EU aus, ihre Subventionen zu senken bzw. abzuschaffen und ihre Märkte zu öffnen.[199] Diese Subventionen waren damals Folge der gesunkenen Weltmarktpreise und wirtschaftlicher Schwierigkeiten der Importländer. Viele Produzentenländer entkoppelten daraufhin das interne Preisniveau ihrer Landwirtschaften vom Weltmarkt und verstärkten den Außenschutz, konnten das inländische Preisniveau wegen ihrer Überproduktion jedoch nicht halten, so dass verstärkt öffentliche Mittel zur Stützung des Preisniveaus eingesetzt wurden. Teilweise erhöhten diese Zahlungen den Druck auf den Weltmarktpreis, wodurch sich dessen fallende Tendenz noch verstärkte.[200]

Teil der Uruguay-Runde war das *agreement on agriculture* (AoA). Sein Ziel ist die Integration der Landwirtschaft in die normalen Handelsmechanismen. Agrarprodukte sollen also wie alle anderen Produkte gehandelt werden können. Die beschlossenen Änderungen benachteiligen jedoch v.a. die Staaten Sub-Sahara-Afrikas sowie China und Mexiko. Allerdings sind deren prognostizierten Einkommensverluste gegenüber den Einkommensgewinnen anderer Regionen

---

[196]   Vgl. v.Urff (1994), S.4.
[197]   Vgl. v.Urff (1994), S.4f. Zum Verhandlungsverlauf der Uruguay-Runde vgl. v.Urff (1994), S.7-11 und Kay (1998), S.58-71.
[198]   Die Cairns Group ist ein Zusammenschluss von 17 Agrarexporteuren, darunter Argentinien, Australien, Brasilien, Kanada und Uruguay, vgl. Cairns Group (2003).
[199]   Vgl. Gibbons (1999), S.286f. Zwar brachte die Uruguay-Runde keine hohen nominellen Reduktionen des Protektionismus auf den Agrarmärkten, aber neben der vereinbarten Tarifizierung wurden die Bindung aller Zölle und ein Mindestmarktzugang für verbindlich erklärt. Die Berechnung neuer Zölle wurde jedoch so geschickt ausgeführt, dass v.a. durch das Zugrundelegen der niedrigen Preise in den Jahren 1986-88 die neuen, eigentlich reduzierten, Zölle höher waren als die ursprünglichen Zölle. Hier wird auch von *dirty tariffication* gesprochen. Vgl. Hathaway/Ingco (1995), S.8, 11.
[200]   Vgl. v.Urff (1994), S.5-7.

sehr gering. Ferner werden diese Verluste teilweise durch andere Vereinbarungen innerhalb der Uruguay-Runde kompensiert.[201]

4.2. Exportorientierung als Weg zur industriellen Entwicklung ?

Eine Möglichkeit zur Förderung der Entwicklung eines Landes ist eine Ausrichtung auf den Export von Rohstoffen. Diese Exportorientierung führt oft zu externen Effekten, die nicht internalisiert werden und z.B. in Form von Umweltzerstörung von der lokalen Bevölkerung getragen werden müssen, die jedoch nur selten an den Erlösen beteiligt ist.[202] Eine Steigerung der Agrarproduktion für den Export lässt jedoch den Selbstversorgungsgrad eines Entwicklungslandes sinken, so dass es dauerhaft auf Nahrungsmittelimporte angewiesen sein kann.[203] Die Exportorientierung eines Landes kann darüber hinaus negative Folgen haben, falls sie mit der *Dutch disease* zusammentrifft. Mit Bezug auf die Entdeckung von Erdgas Ende der sechziger Jahre in den Niederlanden kann eine Ausstattung mit Rohstoffen ein Land an der Industrialisierung hindern, wenn es der Spezialisierungsregel nach den komparativen Kostenvorteilen Ricardos folgt.[204] Die starke Exportausweitung der Entwicklungsländer trotz sinkender Weltmarktpreise führte zu einer Verstärkung dieser Tendenz. Die rohstoffexportierenden Entwicklungsländer, die oft nur einen oder wenige Rohstoffe ausführten, sahen sich in einer Rohstoff-Falle gefangen.[205] Sowohl Ausweitung als auch Reduzierung des Angebots führen dann zu sinkenden Einnahmen für das Exportland.

Ein anderer Weg zur industriellen Entwicklung ist die *agricultural-demand-led industrialisation strategy (ADLI)*: Sie zielt auf die Nachfrage-Verbindungen zwischen dem Agrarsektor (v.a. kleinen und mittleren Produzenten) und den

---

[201] Vgl. Europäische Kommission (1997), S.47 sowie Goldin/van der Mensbrugghe (1995), S.37, 42. Goldin/van der Mensbrugghe (1995) testen dazu die Auswirkungen der sich durch die Beschlüsse der Uruguay-Runde ändernden Agrarpreise auf das Einkommen der verschiedenen Länder mit Hilfe verschiedener Szenarien. Die oben genannten Gebiete erleiden als einzige in allen Szenarien Einkommenseinbußen. Vgl. Goldin/van der Mensbrugghe (1995), S.34-41.

[202] Vgl. Ziai (2000), S.62-64.

[203]   Vgl. Höhmann-Hempler (1997), S.23.

[204] Vgl. Ziai (2000), S.39.

[205] Vgl. Ziai (2000), S.53f.

Nicht-Agrarsektoren ab. Betont wird die dabei steigende Nachfrage für (hauptsächlich traditionell gefertigte) Zwischenprodukte, die durch Binnenproduktion befriedigt werden kann, während Zwischenprodukte der exportorientierten Landwirtschaft oft importiert werden müssen.[206] Durch die Stärkung kleiner und mittlerer Produzenten erhöht die ADLI die inländische Nachfrage nach Konsumgütern und damit wiederum die inländische Produktion. Als Alternative zu einer exportorientierten Wachstumsstrategie war sie in einigen Fällen, wie z.B. Taiwan oder Malaysia, erfolgreich. Diese Länder verfolgten aber gleichzeitig auch eine exportorientierte Strategie, so dass eine endgültige Einschätzung des Erfolges der ADLI schwierig ist.[207] Durch das Agrardumping der EU sahen sich traditionelle Agrarexporteure dazu veranlasst, ihre Produktion von nicht mehr wettbewerbsfähigen traditionellen Produkten hin zu speziell für den Export angebauten Produkten, z.B. cash crops wie Tee oder Kakao, mit den oben beschrieben Folgen zu verschieben.[208] So lange die Verzerrungen auf den Weltmärkten durch die GAP und die Agrarpolitik anderer Länder anhalten, die eine Ausnutzung von komparativen Vorteilen der Entwicklungsländer verhindern, kann eine Strategie wie die ADLI Nahrungssicherheit herstellen und auch zur Entwicklung eines Landes beitragen. Negativ könnte sich dann aber die Abkoppelung vom Weltmarkt auswirken.

4.3. Operation Flood: Ringtausch statt Industrieaufbau

Operation Flood wurde 1970 als damals weltgrößtes Entwicklungsprojekt zum Aufbau einer indischen Milchindustrie, insbesondere einer Produktionsstruktur in ländlichen Gebieten, gestartet. Überschüssiges Milchpulver sollte in einer Übergangsphase aus Europa an Indien geliefert werden, um während der Anfangsphase Nachfrage in den indischen Städten zu schaffen, die dann später durch indische Milchprodukte befriedigt werden sollte. Gleichzeitig sollten die Erlöse dem weiteren Aufbau der indischen Milchindustrie dienen, so dass die

---

[206] Vgl. Alexandratos (1995), S.285.
[207] Vgl. Alexandratos (1995), S.285f.
[208] Vgl. Höhmann-Hempler (1997), S.23.

Lieferungen aus der EG langsam überflüssig geworden wären.[209] Die Lieferung sollte durch noch aufzubauende Kooperativen in ländlichen Gebieten erfolgen, die zusätzlich durch Bereitstellung von tiermedizinischer Betreuung gefördert wurden.[210]

Aufgrund von Fehlplanungen stieg die indische Milchproduktion jedoch nicht im gewünschten Umfang an. Die zur Produktionssteigerung benötigte Ausrüstung musste zum Großteil aus dem Ausland bezogen werden, so dass die erwirtschafteten Erlöse nicht reinvestiert wurden, sondern aus Indien abflossen. Ein Grund für die niedrige Produktionssteigerung war das in Indien vorhandene Futter minderer Qualität.[211] Gleichzeitig importierte die EG jedoch Kraftfutter aus Indien, z.B. 1984 ca. 300.000 t. Bei ausschließlicher Verwendung zur Milchproduktion, hätten in Indien damit ca. 90.000 t Milchpulver produziert werden können. Die Exporte der EU an Milchpulver nach Indien betrugen seit 1970 jährlich ca. 30.000 t.[212]

Abbildung 4 macht deutlich, dass statt der durchaus möglichen Milchproduktion in Indien unter Verwendung inländischen Kraftfutters der Weg eines Ringtausches gewählt wurde, indem das Kraftfutter in die EU exportiert wurde und dann dort produziertes Milchpulver importiert wurde.

---

[209] Vgl. Cathie (1997), S.112 sowie Bauernblatt (1986), zitiert nach: Schumann (1986), S.71.
[210] Vgl. India Dairy (2003).
[211] Vgl. Bauernblatt (1986), zitiert nach: Schumann (1986), S.72.
[212] Vgl. Begander/Seitz (1989), S.59.

Abbildung 4: Die Beteiligung der EU an der Operation Flood

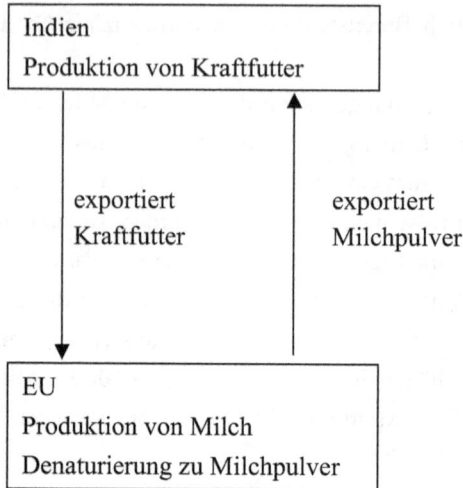

```
┌─────────────────────────────┐
│ Indien                      │
│ Produktion von Kraftfutter  │
└─────────────────────────────┘
   │                       ▲
   │                       │
 exportiert            exportiert
 Kraftfutter           Milchpulver
   │                       │
   ▼                       │
┌─────────────────────────────────┐
│ EU                              │
│ Produktion von Milch            │
│ Denaturierung zu Milchpulver    │
└─────────────────────────────────┘
```

Quelle: eigene Darstellung

Zudem gab es auf dem indischen Milchmarkt Qualitätsprobleme, da aufgrund der steigenden Nachfrage, mit der das Angebot nicht mithalten konnte, Milch oft verdünnt angeboten wurde, so dass das Vertrauen der Konsumenten sank. Hier halfen allerdings die Bereitstellung von Messgeräten und die Unterstützung der produzierenden Kooperativen zur Stabilisierung der Milchqualität.[213] Die Beteiligung der EU an Operation Flood wurde schließlich vom EG-Rechnungshof kritisiert.[214] Erfolgreich waren dagegen die Organisation der indischen Milchindustrie in Korporativen und die Verbesserung der Technologie.[215] Nach über 20 Jahren konnte Indien mit Hilfe der Operation Flood schließlich die Selbstversorgung mit Milch sicherstellen. Dieser Erfolg wird jedoch durch den zollfreien Import subventionierten Milchpulvers gefährdet.[216]

---

[213] Vgl. Weltbank (1999), S.92.
[214] Vgl. Cathie (1997), S.60.
[215] Vgl. India Dairy (2003).
[216] Vgl. Sharma (2002).

4.4 Die Konsumstruktur der Industrieländer und die Konsequenzen für den Agrarsektor der Entwicklungsländer

Zwar gibt es in der EU kein einheitliches Muster des Konsums von Nahrungsmitteln aufgrund von teilweise erheblichen regionalen Unterschieden in den Ernährungsgewohnheiten[217], aber dennoch lassen sich Gemeinsamkeiten feststellen.[218] So ist z.B. in den meisten Mitgliedsländern der EU ein hoher Fleischkonsum zu verzeichnen.[219]

Dieser hohe Konsum in den Industrieländern entwickelte sich im Laufe der industriellen Revolution durch aufkommende industrielle Weiterverarbeitung des Fleisches und durch steigende Nachfrage aufgrund höherer Einkommen und wachsenden Eiweißbedarfs der Bevölkerung. Einen weiteren Anstieg des Fleischkonsums brachte die so genannte Fresswelle nach den Hungerjahren des Zweiten Weltkrieges.[220] Massentierhaltung und erneute Rationalisierung der Fleischproduktion ermöglichten im Vergleich zu anderen Lebensmitteln immer niedrigere Fleischpreise, so dass sich der Konsum weiter ausweitete.[221] Der gestiegene Konsum tierischer Produkte in der EU wurde fast ausschließlich durch importierte Futtermittel, wie Soja oder Maniok, ermöglicht, während einheimisches Getreide vermehrt exportiert wurde. Dies führte u.a. zu verzerrten

---

217 Vgl. Europäische Kommission (2002b), S.T/202f.

218 Vgl. Pretty (2001), S.142-144 sowie Fennell (1997), S.67-69.

219 Loseby/Piccinini (2001), S.182f. geben für die EU einen jährlichen Pro-Kopfverbrauch an Fleisch von ca. 79,9 kg für 1998 an. Er setzt sich zusammen aus ca. 19,3 kg Rind-, 36,9 kg Schweinefleisch, 20 kg Geflügel und ca. 3,7 kg Schaf- und Ziegenfleisch. (Vgl. Loseby/Piccinini (2001), S.194, 203, 206, eigene Berechnungen). Im Vergleich dazu konsumieren die fünf Länder mit dem weltweit geringsten Fleischkonsum 3-4 kg pro Kopf/Jahr, vgl. UNDP (1998), S.59.

220 Vgl. Klose/Schmelz (1987), S.26-30 und 36.

221 Vgl. Klose/Schmelz (1987), S.47, 85. Klose/Schmelz (1987) zeigen anhand mehrerer Auflagen des „Dr. Oetker-Schulkochbuchs" die sich ändernden Ernährungsgewohnheiten in Deutschland auf. Im Buch lässt sich seit dem Zweiten Weltkrieg eine kontinuierliche Reduzierung fleischloser Getreide- und Kartoffelgerichte feststellen, während der Anteil der Fleischgerichte in etwa gleich bleibt, für deren Zubereitung jedoch höherwertigere Fleischstücken, wie Braten oder Filet, verwendet werden, vgl. Klose/Schmelz (1987), S.125-129.

Produktions- und Verbrauchsstrukturen in der EU.[222] Die Verwendung von Getreide als Viehfutter ist jedoch dem direkten menschlichen Konsum unterlegen, da es als Futter ineffizient genutzt wird, indem durchschnittlich. sechs Kilo Getreide zur Herstellung von einem Kilo Fleisch benötigt werden.[223] Der wachsende Getreidebedarf der Entwicklungsländer wird diese Verwendung jedoch einschränken, da bei wachsender Nachfrage steigende Getreidepreise indirekt auch Fleisch, Eier und Milchprodukte verteuern.[224]

Eine andere Entwicklung der Konsumgewohnheiten ist die Abkoppelung des Angebots an Früchten von den Jahreszeiten, die v.a. durch die Lieferung aus Ländern der südlichen Hemisphäre ermöglicht wird. Durch technischen Fortschritt ist diese Lieferung billiger und ausgereifter geworden, so dass z.B. die Verschiffung von New York zum Hafen von Le Havre nicht teurer ist als der Versand von Paris nach Le Havre per Schiene. Die EU ist ein Netto-Importeur von frischem Obst und Gemüse und weist bei einem Importvolumen von ca. zwei Mrd. € ein Handelsdefizit von 1,5 Mrd. € auf.[225] Dies hat aber für Entwicklungsländer durchaus positive Auswirkungen, da sie ihre komparativen Vorteile ausnutzen können und gleichzeitig nicht in direkter Konkurrenz zu den Produzenten innerhalb der EU stehen und somit nur ein geringes Ausmaß an protektionistischen Maßnahmen seitens der EU fürchten müssen.

4.4.1 Der Soja-Anbau in Brasilien

Da die EG aufgrund von Resultaten früherer GATT-Verhandlungen, keine Schutzzölle mehr auf bestimmte landwirtschaftliche Erzeugnisse erheben darf, darunter Sojabohnen und -kuchen,[226] können diese als Tierfutter genutzt werden, da sie billiger sind als traditionelle Tierfuttermittel, wie z.B. Getreide, das durch

---

[222] Vgl. Koester (2001), S.321f.
[223] Vgl. Loseby/Piccinini (2001), S.135. Dies ist je nach Fleischart unterschiedlich: so sind z.B. zur Produktion von 1 kg Geflügelfleisch 2 kg Getreide nötig, für 1 kg Schweinefleisch 4 kg oder für 1kg Rindfleisch 7 kg, vgl. Höhmann-Hempler (1998), S. 61.
[224] Vgl. Brown (1995), S.139.
[225] Vgl. Loseby/Piccinini (2001), S.212f., 232. Da die Lagerung und Konservierung von Gemüse schwieriger ist als die von Obst, ist der Handel weniger stark ausgeprägt.
[226] Vgl. Koester/Tangermann (1990), S.74.

die Preisinterventionen der EG zudem künstlich verteuert wird.[227] Zusätzlich ist Soja neben anderen vielseitigen Nutzungsmöglichkeiten als Tierfutter besonders geeignet, da es den höchsten Eiweißanteil aller Ölsaaten aufweist und einen hohen Anteil der Aminosäure Lysin enthält, die für das Wachstum verantwortlich ist und sonst kaum in Getreide enthalten ist. Auch enthalten andere Ölsaaten außer Soja gelegentlich Gifte.[228] Die EU importierte 1999 ca. 40% des weltweit gehandelten Sojas und wies gleichzeitig einen hohen Exportüberschuss bei Eiern, Fleisch und Molkereiprodukten auf.[229]

Bis Anfang der fünfziger Jahre spielte der Soja-Anbau in Brasilien kaum eine Rolle. Erst die von der Regierung betriebene Importsubstitutionspolitik für Weizen machte Soja für die Landwirte interessant, da Soja als Zwischenfrucht auf Weizenfeldern ohne Düngung gepflanzt werden konnte und diese Felder mit den selben Maschinen bearbeitet werden konnten.[230] Eine nach der Machtübernahme des Militärs 1964 forcierte Exportorientierung und die Attraktivität des neu gegründeten EG-Marktes für Ölsaaten, aber auch eine erhöhte Binnennachfrage bewirkten mittels einer starken Förderung des Anbaus eine Steigerung der Soja-Produktion Brasiliens um das vierzehnfache zwischen 1963 und 1973.[231] Da die Soja-Ernte in Brasilien später als in den USA stattfindet, kann Brasilien genau dann in großem Umfang Soja verkaufen, wenn die Lagerbestände in den USA niedrig sind,[232] wodurch sich ein tendenziell höherer Preis erzielen lässt.

Starke Preiserhöhungen auf dem Weltmarkt für Soja Anfang der siebziger Jahre und die Förderung durch Kredite veranlassten schließlich die Bauern, v.a. im Süden des Landes, fast die gesamte ihnen zur Verfügung stehende Grundfläche für den Ackerbau zu nutzen und so die Anbaufläche für Soja innerhalb von nur drei Jahren zu verdreifachen. Die Öl-Krise 1973 vergrößerte das Handelsbilanzdefizit Brasiliens drastisch, so dass die Anstrengungen zur Erhöhung der

---

[227] Vgl. Hartmann (1994), S.24f.
[228] Vgl. Schumann (1986), S.88 und Hartmann (1994), S.51f.
[229] Vgl. Europäische Kommission (2002b), S.T/182.
[230] Vgl. Lieberg (1988), S.56, 58.
[231] Vgl. Lieberg (1988), S.58f., 61.
[232] Vgl. Loseby/Piccinini (2001), S.161.

Deviseneinnahmen erneut forciert wurden.[233] Da der mit hohem Kapitaleinsatz verbundene großflächige Anbau von Soja nun auch für Investoren aus anderen Wirtschaftszweigen interessant wurde, stiegen die Bodenpreise ebenfalls kurzfristig sehr stark an, so dass die Pacht für Kleinbauern zunehmend unrentabel wurde und sie in die städtischen Armenviertel abwanderten, wo sie auch wegen der einseitigen Ausrichtung der brasilianischen Landwirtschaft kaum mit Nahrungsmitteln versorgt werden konnten.[234] Gleichzeitig kam es zu einer Besitzkonzentration hin zu mittelgroßen Betrieben zwischen 200 und 500 ha.[235] Zusätzlich fielen ab Mitte der 70er Jahren die Weltmarktpreise für Soja stark bei gleichzeitig steigenden Produktionskosten,[236] so dass der Soja-Anbau für Kleinbauern zunehmend unrentabel wurde. Die brasilianischen Bauern waren zudem anders als z.B. die Landwirte in der EU oder den USA stets der vollen Konkurrenz des Weltmarktes und seinen extremen Preisschwankungen ausgesetzt.

Die Intensivierung der Landwirtschaft wurde hauptsächlich durch ausländische Kredite finanziert, deren Rückzahlung durch die hohe Inflation in Brasilien immer schwieriger wurde, so dass ein Großteil der erwirtschafteten Gewinne wieder aus Brasilien abfloss.[237] Der Export von Sojaschrot und -öl dagegen wurde von der brasilianischen Regierung u.a. durch zinsgünstige Kredite und Steuerbefreiungen subventioniert. Dagegen beantragte der europäische Ölmühlenverband 1984 bei der EG-Kommission die Einleitung eines Antisubventionsverfahrens, die jedoch abgewiesen wurde, da die brasilianische Regierung einen Teil der Vorzugszinsen mittlerweile abgeschafft hatte.[238]

Ein Großteil des Soja-Anbaus geschieht zwar auf neu geschaffenen Anbauflächen, verdrängt teilweise aber auch Anbauflächen traditioneller Produkte. Da der Großteil der Soja-Produktion jedoch exportiert wird, tragen die

---

[233] Vgl. Schumann (1986), S.108-111 und Lieberg (1988), S.63.
[234] Vgl. Schumann (1986), S.136, 139f.
[235] Vgl. Lieberg (1988), S.111f.
[236] Vgl. Lieberg (1988), S.71, 75.
[237] Vgl. Schumann (1986), S.174. Schumann weist darauf hin, dass neben der exportorientierten Landwirtschaft auch andere Industrien und die Gesellschaftsstruktur Brasiliens für die damaligen Probleme des Landes verantwortlich sind. Vgl. Schumann (1986), S. 174-176.
[238] Vgl. Lieberg (1988), S.87-90.

neu geschaffenen Flächen nur in geringem Umfang zur Verbesserung der Versorgung der brasilianischen Bevölkerung bei.[239] Hinzu kommen die Auswirkungen der extrem schnellen Ausweitung der Anbaufläche und der Monokultur Soja. So wurde die Waldfläche im besonders betroffenen Bundesstaat Rio Grande do Sul zugunsten von Soja- und Weizenfeldern auf einen Anteil von unter 2% an der Gesamtfläche reduziert, was die Auswaschung des Bodens begünstigte, so dass Ackerbau mittelfristig bei Beibehaltung der bisherigen Anbaumethoden unmöglich wird. Hinzu kommt die Belastung durch den Gebrauch von Pflanzen- und Insektengiften.[240] Die in den Anbaugebieten ansässige Bevölkerung wird so entweder in die Städte abgedrängt oder aber zur Brandrodung in den Regenwäldern veranlasst, um sich neue Anbauflächen zu erschließen. Diese neu geschaffenen Flächen werden jedoch schnell aufgrund ungeklärter Eigentumsrechte von Großgrundbesitzern besetzt.[241] Aufgrund des Verbotes der Verwendung von Tiermehl bei der Fütterung in Folge der BSE-Krise hat sich der Import der EU von Sojabohnen und -kuchen in letzter Zeit erhöht, zwischen 1999 und 2001 um 12,5 %.[242] Gegenüber Brasilien wies die EU 1999 ein Agrarhandelsdefizit von ca. 5 Mrd. € auf.[243]

4.4.2 Fair Trade

Nur ein sehr kleiner Anteil des Erlöses von Agrarexporten aus Entwicklungsländern kommt den Bauern und Landarbeitern zu gute. Dies versucht eine Reihe von Fair Trade-Organisationen zu ändern. So zahlen die Endverbraucher in den Industrieländern für deren Produkte einen etwas höheren Preis. Im Gegenzug erhalten die Erzeuger in den Entwicklungsländern unter Ausschluss des Zwischenhandels erheblich höhere Erlöse für ihre Produkte.[244] Darüber hinaus investieren die Fair Trade-Organisationen vor Ort in Gemeinschaftsvorhaben, z.B. Schulen.

---

[239] Vgl. Lieberg (1988), S.114-116.
[240] Vgl. Schumann (1986), S.146-151 und Lieberg (1988), S.122-124.
[241] Vgl. Basler (1999), S.45.
[242] Vgl. Europäische Kommission (2002a), S.16.
[243] Vgl. Europäische Kommission (2002b), S.T/184.
[244] Vgl. Pretty (2001), S.180-182

Fair Trade umfasst aber nur einen Bruchteil das Welthandels und kommt nur den Klein-Produzenten zu gute, die für den Exportmarkt produzieren. Landlose Arme und Bauern, die allein für den Eigenverbrauch anbauen, werden dadurch nicht erreicht.[245] Darüber hinaus konzentrieren sich fair gehandelte Waren nur auf wenige Agrarprodukte, v.a. Tee, Kaffee und Kakao, sowie Kunsthandwerk. Andere für Entwicklungsländer wichtige Handelsgüter, wie mineralische Rohstoffe oder Industrieprodukte, werden dagegen nicht berücksichtigt.[246] Zudem muss in den Konsumentenländern ausreichend Kaufkraft zur Verfügung stehen, um die höheren Preise zahlen zu können und die Verbraucher müssen für die Probleme, die durch Fair Trade gelöst werden sollen, sensibilisiert werden. So können die Probleme der Bevölkerung in den Entwicklungsländern durch Migration, Umweltzerstörung und den Verlust möglicher Absatzmärkte sehr schnell auch zu Problemen der Bevölkerung in den Industriestaaten werden.[247] Die für umweltgerecht produzierte Waren gezahlten höheren Preise[248] können auch für Hersteller in Entwicklungsländern einen Anreiz darstellen, ihre Produktion umzustellen. Dies setzt aber gerade in Entwicklungsländern neben international anerkannter Zertifizierung einen Wissenstransfer über entsprechende Fertigungsmethoden an die Produzenten voraus. Die umweltverträgliche Fertigung ermöglicht es jedoch speziell in der Landwirtschaft ressourcenerhaltend zu produzieren und so z.B. die Umwandlung von Urwaldflächen in Ackerland zu vermindern.[249] Die Konsumstruktur der Industrieländer beeinflusst die Entwicklungsländer also nicht nur negativ.

---

[245] Vgl. Piepel (1999), S.74-76.

[246] Vgl. Piepel (1999), S.79.

[247] Vgl. Ziai (2000), S. 144f. Ziai spricht von einem „Appell an das aufgeklärte Eigeninteresse", Ziai (2000), S.144.

[248] Europäische Verbraucher sind bereit, 5-10 % höhere Preise zu bezahlen, wenn Produkte umweltfreundlicher hergestellt, angewendet und entsorgt werden, vgl. UNDP (1998), S.108. Allerdings besteht bei der Forderung nach verbesserten Produktionsbedingungen eine gewisse Diskrepanz zwischen den Forderungen der Verbraucher nach höherer Qualität und ihrem tatsächlichem Marktverhalten, vgl. Europäische Kommission (2002a), S.7.

[249] Vgl. Weltbank (1999), S.142-144.

5. Unterstützung der Entwicklungsländer durch die Europäische Union

Direkt ist die EU mit den Entwicklungsländern durch die 20 verbliebenen kolonialen Besitztümer ihrer Mitgliedstaaten verbunden.[250] Die Zusammenarbeit der EU mit den Entwicklungsländern ist jedoch sehr heterogen und kompliziert ausgearbeitet. Sie variiert stark nach regionaler Zugehörigkeit der Entwicklungsländer zu einzelnen Gruppen und den tagespolitischen Zielsetzungen der EU.[251] Entwicklungsländern, die zu Konkurrenten heranwuchsen, wie z.B. einigen ostasiatischen Tigerstaaten, wurde sogar die Zusammenarbeit verweigert.[252]

Das Verhältnis der EU zu den Entwicklungsländern ist v.a. durch die AKP-Kooperation mit den ehemaligen Kolonien einiger Mitgliedsländer geprägt. Seit Einführung eines einheitlichen Marktes können einzelne EU-Mitglieder keine bilateralen Handelsabkommen mit Drittstaaten mehr schließen. Als Beispiel sei hier der „Bananenstreit" genannt, bei dem Frankreich und Großbritannien ihren ehemaligen Kolonien Vorzugsbehandlung gewährten, indem sie Importmengen anderer Staaten beschränkten, während es diese Beschränkungen auf dem deutschen Markt nicht gab.[253]

5.1 Die Entwicklungshilfe der Europäischen Union

Zusammen mit der Entwicklungshilfe ihrer Mitgliedsländer stellt die EU mehr als die Hälfte der weltweiten Entwicklungshilfe bereit und ist gleichzeitig auch für viele Staaten Afrikas der wichtigste Handelspartner.[254] Die Hilfe der EU wird zusätzlich zur Entwicklungshilfe ihrer Mitglieder geleistet. Projekte werden in Zusammenarbeit mit den Empfängern ausgeführt.[255] Mangelnde

---

[250] Vgl. Lister (2002), S.356. Eine Liste befindet sich in Anhang II.
[251] Vgl. Lister (2002), S.357. Ein Beispiel dafür ist die Präferenzenpyramide, vgl. Kap. 5.3.
[252] Vgl. Grilli (1994), S.275.
[253] Vgl. Barrass/Madhavan (1996), S.291f.
[254] Vgl. Hamburger (1998), S.14.
[255] Vgl. Grilli (1994), S.94f., 107.

Koordination zwischen Mitgliedern und der EU,[256] fehlende Konzentration auf einige Kern-bereiche in der Entwicklungszusammenarbeit sowie ein hohes Maß an Bürokratie beeinträchtigen jedoch die Leistung der EU-Entwicklungshilfe. Sie folgt nicht festgelegten Planungen, sondern reagiert nur auf aktuelle Ereignisse. Dennoch bietet die Koexistenz von nationalen und Gemeinschaftsprogrammen Möglich-keiten zur Nutzung positiver Skalenerträge. Die EU kann Entwicklungsländern aufgrund ihrer eigenen Erfahrung bei der Bildung regionaler Kooperationen helfen. Auch kann der Zugang zur EU als weltweit größter zusammenhängender Markt für die Entwicklungsländer von Vorteil sein.[257] Die EU-Entwicklungshilfe stellt gegenüber den Einkünften der AKP-Staaten aus Handel mit der EU nur einen sehr geringen Anteil dar,[258] so dass die positiven Auswirkungen eines erleichterten Marktzugangs die einer Erhöhung der Entwicklungshilfe übersteigen. Der Erhalt von Entwicklungshilfe und wirtschaftliches Wachstum sind nicht immer positiv miteinander korreliert, allerdings ist die Möglichkeit zum Wachstum durch Handel, v.a. für die LDCs, ebenfalls beschränkt, so dass beide Elemente zwar unzulängliche, aber dennoch nötige Mittel für die Entwicklungszusammenarbeit darstellen.[259]

Während die EU zunehmend Entwicklungsländern in ihrer Nachbarschaft und solchen mit akuten Problemen Priorität einräumt, hält sie auch an bestehenden Verbindungen fest, was eine Neuausrichtung ihrer Entwicklungshilfepolitik erschwert.[260] Hinzu kommen v.a. im Rahmen der Lomé-Kooperation strategische und wirtschaftliche Interessen der EU, die oft einer wirksamen Entwicklungs-zusammenarbeit entgegenstehen.[261] Dennoch kann von der EU geleistete Entwicklungshilfe dazu beitragen, zukünftige Kosten für die EU zu reduzieren oder zu vermeiden, indem sie zukünftige Migration einschränkt oder

---

[256] So sind insgesamt drei Generaldirektorate für die Entwicklungshilfe zuständig. Diese teilt sich in über 60 verschiedene Haushaltsposten und zusätzlich den European Development Fund auf. Vgl. Lister (2002), S.359.

[257] Vgl. Lister (1998), S.18 sowie Lister (2002), S.358.

[258] Vgl. Radtke (2000), S.136.

[259] Vgl. Lister (2002), S.356.

[260] Vgl. Lister (2002), S.360.

[261] Vgl. Kappel (1999b), S.40.

verhindert.[262] Im Gegensatz zu anderen Gebern von Entwicklungshilfe ist die Hilfe der EU vergleichsweise stabil, d.h. über einen längeren Zeitraum andauernd, verfolgt weniger politische oder wirtschaftliche Ziele und ist aufgrund vorhergegangener Verhandlungen an die Bedürfnisse des Empfängers angepasst. Kritisiert wird jedoch die langsame Auszahlung zugesagter Hilfe und ihre geringe Höhe.[263]

5.2 Die Verträge von Yaoundé und Lomé

Schon in den Römischen Verträgen wurden die überseeischen Gebiete Frankreichs, Belgiens, Italiens und der Niederlande berücksichtigt, indem durch die EWG einseitig eine Assoziierung erfolgte.[264] Die Unabhängigkeitsbe-wegungen der sechziger Jahre ließen v.a. in Afrika eine Vielzahl neuer Staaten entstehen, deren Beziehungen zur EG neu geordnet werden mussten. Der Großteil dieser Gebiete bestand aus französischen Kolonien, so dass Frankreich bei der Ausarbeitung der Beziehungen zu ihnen eine dominierende Rolle spielte, so z.B. bei den Verhandlungen, die zum ersten Vertrag von Yaoundé führten.[265] Dieser Kooperationsvertrag wurde am 20. Juli 1963 in der kamerunischen Hauptstadt zwischen der EWG und den 18 Staaten der *Association of African States and Madagascar*[266] unterzeichnet, dem im Juli 1969 der so genannte Yaoundé II-Vertrag zwischen der EWG und jetzt 22 afrikanischen Staaten folgte.[267]

Die Durchführung der GAP ab 1966 ging dann auch mehr zu Lasten der lateinamerikanische Länder als der mit der EU verbundenen afrikanischen Entwicklungsländer, da die in Lateinamerika produzierten Agrarprodukte in direkter Konkurrenz zu den von der GAP geschützten standen, während die afrikanischen Länder kaum in direkter Konkurrenz zu diesen Produkten stan-

---

[262] Vgl. Plumb (1998), S.11.
[263] Vgl. Grilli (1994), S.91f., 101.
[264] Vgl. Grilli (1994), S.2 sowie Ferdowsi (1999), S.3-6.
[265] Vgl. Ferdowsi (1999), S.3-6.
[266] Die Konzentration auf Sub-Sahara-Afrika hatte eher politische als wirtschaftliche Gründe. Aus wirtschaftlicher und kultureller Sicht hätte sich eine stärkere Kooperation zwischen der EU und Lateinamerika angeboten, zu der es jedoch auch wegen des hohen Anteils der Agrarexporte an den Gesamtexporten Lateinamerikas nicht kam, vgl. Grilli (1994), S.227, 241f.
[267] Vgl. Matambalya (1998), S.10.

den.[268] Einige afrikanische Länder des Commonwealth kooperierten bereits ab 1968 mit der EWG im Rahmen der beiden Abkommen von Arusha.[269] Der Beitritt Großbritanniens 1973 erweiterte deutlich den Fokus der Kooperation zwischen EWG und Entwicklungsländern, der sich bis dato v.a. auf die ehemaligen französischen Kolonien in Afrika beschränkt hatte. Allerdings wurden nicht alle Länder des Commonwealth in den Vertrag von Lomé aufgenommen, sondern nur die ehemaligen britischen Kolonien in Afrika sowie einige Inseln in der Karibik und im Pazifik. In den Verhandlungen zum Vertrag von Lomé setzte sich die britische Verhandlungsposition gegen die französische durch, so dass den Entwicklungsländern Handelsvergünstigungen auf nicht-reziproker Basis gewährt wurden.[270] Die Ölkrise rückte die Rohstoffabhängigkeit Europas in das öffentliche Bewusstsein. Diese Abhängigkeit war ein Grund für den Ausbau der Beziehungen zu Afrika, das als verlässlicher Partner galt, um so die Versorgung mit Rohstoffen sicherzustellen.[271] Der Vertrag von Lomé wurde am 28. Februar 1975 in der Hauptstadt des Togo zwischen der EU und 46 AKP-Staaten unterzeichnet. Ihm folgten vier weitere Abkommen, Lomé II im Jahr 1979, Lomé III im Jahr 1984 und Lomé IV, das aufgrund der mid-term review 1994-95 in Lomé IVa und IVb unterteilt wird.[272]

Zwei Hauptteile der Lomé-Abkommen sind die Programme zur Stabilisierung von Exporterlösen der AKP-Staaten, STABEX (System zur Stabilisierung der Ausfuhrerlöse) und SYSMIN (System zur Stabilisierung mineralischer Exporterlöse). Sie sollen v.a. helfen, die Preisschwankungen bei Rohstoffen auszugleichen. Um sich für STABEX-Zahlungen zu qualifizieren, muss der Anteil des landwirtschaftlichen Produktes am gesamten Export eines AKP-Landes eine gewisse Schwelle überschreiten, 5% unter Lomé IV, wobei dieser Prozentsatz für LDCs, Insel- und landgebundene Staaten auf 1% gesenkt wurde.[273] Der Aufbau von SYSMIN ist dem von STABEX ähnlich. Es befasst sich jedoch mit den Exporterlösen von Mineralprodukten und der für eine Zahlung

---

268 Vgl. Grilli (1994), S.24.
269 Vgl. Ferdowsi (1999), S.7.
270 Vgl. Tod (2000), S.62f.
271 Vgl. Grilli (1994), S.26.
272 Vgl. Harrop (2000), S.271f. und EU (2003a).
273 Vgl. Harrop (2000), S.275.

notwendige Mindestanteil eines Produktes am Gesamtexport eines Landes unter SYSMIN ist höher. Die Anzahl der AKP-Staaten, die SYSMIN-Unterstützung erhielten, blieb gering.[274] Da der Erhalt von Fördermitteln aus dem STABEX-Programm an eine Abhängigkeitsgrenze geknüpft ist, werden Länder, die sich um eine Differenzierung ihrer Wirtschaft bemühen, bei Unterschreitung dieser Grenze bestraft.[275] Strukturelle Abhängigkeiten werden verschärft und eine Einbindung in globale Wertschöpfungsketten ist so nicht möglich.[276]

Trotz der Förderung der AKP-Länder durch die EU konnten diese ihre Außenhandelsposition nicht verbessern. Der Anteil der AKP-Exporte an den EU-Importen sank von 6,7 % im Jahr 1970 auf 3,7% im Jahr 1992. Allerdings sank der Anteil des Handels der EU mit den Entwicklungsländern am gesamten Handel ebenfalls zugunsten von intra-industriellen Handel zwischen den Industrieländern. Die Exporte aus den AKP-Staaten in die EU bestehen zudem zum größten Teil aus einigen, wenigen Rohstoffen, v.a. Rohöl, da sich die Exporte der AKP-Staaten im Gegensatz zu anderen Ländergruppen in der Vergangenheit kaum diversifizierten. Außerdem bevorzugte der Vertrag von Lomé nur etwa ein Drittel der AKP-Exporte. Die restlichen Exporte sind auch ohne Vorzugsbehandlung zollfrei.[277]

Die für die AKP-Staaten hinderlichen Ursprungsregeln lassen intra-idustriellen Handel zwischen den AKP-Staaten kaum zu und werden darüber hinaus z.T. kumulativ angewendet, was besonders karibische und pazifische Inselstaaten benachteiligt, die einen Großteil ihrer Vorleistungen importieren, zumeist aus den für sie geographisch näheren Amerika oder Australien.[278] Waren, die von der GAP abgedeckt wurden, waren von den Lomé-Vorzugsbedingungen ausgenommen. Ihr Export wurde nur in Ausnahmefällen gefördert, wobei die Bevorzugung der AKP-Staaten beim Export tropischer landwirtschaftlicher Produkte gegenüber den Nicht-AKP-Staaten nur gering war.

---

274 Vgl. Harrop (2000), S.276f.
275 Vgl. Kappel (1999a), S.253.
276 Vgl. Kappel (1999b), S.25. Kappel empfiehlt die Abschaffung von STABEX und SYSMIN für Produkte mit einer Nachfrageelastizität von kleiner eins zugunsten einer verstärkten Förderung des Privatsektors, v.a. der Landwirtschaft und der Klein- und Mittelindustrie, vgl. Kappel (1999b), S.44f.
277 Vgl. Radtke (2000), S. 128f., 133.
278 Vgl. Radtke (2000), S.134.

Landwirtschaftliche Erzeugnisse wurden trotz ihrer Bedeutung für die Entwicklungsländer nur gering gefördert.[279] Die zunehmende Liberalisierung des Welthandels ließ den Wert der Zollpräferenzen für die AKP-Staaten sinken,[280] da auch die Zölle gegenüber anderen Handelspartnern gesenkt wurden und sich so der Abstand zwischen den verschiedenen Zollsätzen verringerte. Trotz der Kritik an der AKP-Kooperation ist diese dennoch das erfolgreichste Beispiel für eine Zusammenarbeit zwischen Industrie- und Entwicklungsländern, verglichen mit dem Commonwealth, der pan-amerikanischen oder der französisch-afrikanischen Zusammenarbeit.[281]

5.3 Die Handelspräferenzen der Europäischen Union

Auch wenn die Veränderungen der jüngeren Vergangenheit die Unterschiede etwas verwischt, kann man dennoch von einer *Präferenzenpyramide* sprechen, in der die Handelspräferenzen der EU nach ihrem Ausmaß angeordnet werden können.[282] Diese Pyramide besteht aus sechs Stufen, die im Folgenden kurz vorgestellt werden:

Zollfreier Handel (EWR)
Gegenseitiger Freihandel (z.B. zwischen der EU und Israel)
Nicht-gegenseitiger Freihandel (Mittelmeer-Anrainer und AKP-Staaten)
Die Beziehungen der EU zu den Mittelmeer-Anrainern wurde im Gegensatz zur AKP-Kooperation durch eine bloße Abfolge von jeweils unterschiedlichen Abkommen mit einzelnen Staaten geschaffen. Im Jahr 1995 wurde die Einrichtung einer Freihandelszone zwischen der EU und den Mittelmeer-Anrainern für 2010 beschlossen, die dann auch gegenseitige Marktöffnung verlangt.[283]
General System of Preferences (Entwicklungsländer, die nicht zu den AKP-Staaten gehören)

---

[279] Vgl. Radtke (2000), S.135.
[280] Vgl. Farkas (1999), S.2.
[281] Vgl. Lister (2002), S.360.
[282] Vgl. Dearden (1999), S.332-334 und Abbildung 4.
[283] Vgl. Dearden (1999), S.334f. und Kap. 6.1.2.

Das GSP ermöglicht Entwicklungsländern zollfreien Marktzugang für bestimmte Waren, allerdings nur in engen Grenzen.[284] Das aktuelle GSP[285] regelt die von der EU gewährten Zollvorteile gegenüber 179 Ländern und Gebieten, die den Entwicklungsländern zugerechnet werden. Darüber hinaus werden aber verschiedenen Ländergruppen Sonderkonditionen gewährt: den AKP-Staaten, der Mehrzahl der LDCs und so genannten Drogenländern, ebenso verschiedenen Ländern wie Mexiko oder Südafrika aufgrund von Einzelabkommen, um Anreize zur Drogenbekämpfung, zum Umweltschutz und zum Schutz der Arbeitnehmerrechte zu geben. Vorraussetzung für die Gewährung der Zollvorteile ist wiederum die Einhaltung der Ursprungsregeln, d.h. dass Waren im Entwicklungsland hergestellt oder ausreichend bearbeitet werden und dann direkt in die EU transportiert werden müssen. Auch hier werden wieder Ausnahmeregelungen angewandt.[286] Das GSP ist einseitig von der EU eingerichtet worden und kann daher nicht Gegenstand von Verhandlungen sein.[287] Ländern wie z.B. Brasilien oder Singapur sind schon GSP-Begünstigungen entzogen worden.[288]

Most favoured nations (MFN) (GUS und andere Industriestaaten)
Diese Vergünstigungen werden allen Ländern zugestanden, die WTO-Mitglied sind, denen die EU aber keine anderen Vergünstigungen gewährt. Nach WTO-Recht[289] müssen Vergünstigungen, die einem WTO-Mitgliedsstaat gewährt werden, auch allen anderen Mitgliedern gewährt werden.

Staatshandelsländer (z.B. Nordkorea)
Am Boden der Pyramide sind diejenigen Länder zu finden, die keine MFN-Status haben, da sie nicht WTO-Mitglied sind und auch sonst keinerlei Handelsvergünstigungen durch die EU gewährt bekommen.[290] Da jedoch immer

---

284 Vgl. Dearden (1999), S.335f.
285 Zu den Bestimmungen des neuen GSP vgl. Verordnung (EG) Nr. 2501/2001 des Rates vom 10.12.2001, zitiert nach: Europäische Gemeinschaften (2002).
286 Vgl. Europäische Gemeinschaften (2002), S. V-VII.
287 Vgl. Subhan (1995), S.9.
288 Vgl. Dearden (1999), S. 335f.
289 Vgl. Art. I GATT 1947: „Bei Zöllen und Belastungen aller Art...werden alle ... Vergünstigungen ..., die eine Vertragspartei für eine Ware gewährt,...unverzüglich und bedingungslos für alle gleichartigen Waren gewährt, die aus den Gebieten der anderen Vertragsparteien stammen oder für diese bestimmt sind."
290 Vgl. Atkinson (2000), S. 306.

mehr Entwicklungsländer der WTO beitreten, erhalten diese zumeist mindestens MFN-Status.

Abbildung 5 verdeutlicht noch einmal den pyramidenförmigen Aufbau der Handelspräferenzen der EU.

Abbildung 5: Die Präferenzenpyramide der EU

Zunehmende
Handelspräferenzen

Zollfreier Handel

Gegenseitiger Freihandel

Nicht-gegenseitiger Freihandel

General System of Preferences

Most Favoured Nations

Staatshandelsländer

Quelle: eigene Darstellung

Die Zuordnung zu einer der Stufen ist jedoch nicht endgültig. In der Vergangenheit sind Staaten in der Reihenfolge sowohl auf- als auch abgestiegen, so z.B. durch die Aufnahme neuer EU-Mitglieder oder durch eine Erweiterung der Gruppe der AKP-Staaten.[291] Die neueren Abkommen der EU mit den Mittelmeerländern und die Ausweitung des GSP haben die Unterschiede zwischen den einzelnen Stufen der Pyramide jedoch eingeschränkt.[292]

5.4 Der Vertrag von Cotonou

Als Nachfolger der Lomé-Abkommen wurde der Vertrag von Cotonou am 23. Juni 2000 in Cotonou, der Hauptstadt Benins, zwischen der EU und den Staaten

---

[291] Vgl. Grilli (1994), S.151.
[292] Vgl. Davenport/Hewitt/Koning (1995), S.3.

der AKP-Gruppe für eine Laufzeit von 20 Jahren mit Neubewertungen im Abstand von fünf Jahren geschlossen.[293] Im Gegensatz zu den verschiedenen Lomé-Abkommen setzt die EU nun verstärkt auf eine Regionalisierung innerhalb der AKP-Staaten, um den regional vorhandenen Unterschieden besser Rechnung tragen zu können. Diese sollen in der Zukunft regionale Freihandelszonen gründen. Diese Freihandelszonen, aber auch einzelne AKP-Staaten, haben dann die Möglichkeit, mit der EU so genannte *Economic Partnership Agreements* (EPAs) abzuschließen, die erstmals Verpflichtungen zu reziproker Marktöffnung enthalten können, und über deren Inhalt während ihrer bis zu 20-jährigen Laufzeit neu verhandelt werden kann.[294]

Zum ersten Mal werden im Cotonou-Abkommen auch nicht-staatliche Akteure miteinbezogen. Zusätzlich werden einige Politikfelder neu in die Kooperation aufgenommen, so z.B. die Förderung der Frauen, Konfliktprävention und -lösung. Bei Nichtbeachtung zentraler Elemente des Abkommens von Cotonou, wie z.B. demokratischer Prinzipien, der Menschenrechte oder *good governance*, können Staaten auch von der Mitgliedschaft ausgeschlossen werden.[295] Das Ziel des Abkommens von Cotonou ist nicht eine Sonderbehandlung der Entwicklungsländer, sondern Hilfe bei ihrer Eingliederung in die Weltwirtschaft, gerade indem Handelspräferenzen erstmals auf gegenseitiger Basis gewährt werden müssen.[296] Zahlungen durch den Nachfolger von STABEX und SYSMIN sind nicht mehr an bestimmte, eng definierte Produkte gebunden, sondern hängen nur noch vom Anteil eines Produktes an den gesamten Exporten eines AKP-Landes ab.[297]

Neue Übereinkünfte im Rahmen der AKP-Kooperation der EU müssen in Zukunft WTO-konform sein. Eine Ausnahmeregelung für die AKP-Kooperationen der EU nach Art. XXV GATT 1947 ist unwahrscheinlich.[298]

---

[293] Vgl. Matambalya (2001), S.20-22 sowie Lister (2002), S.361.

[294] Vgl. Matambalya (2001), S.20-22 sowie Lister (2002), S.361.

[295] Vgl. Lister (2002), S.361f. Good governance meint hier transparente und verantwortliche Staatsführung ohne Korruption, vgl. Lister (2002), S.362.

[296] Vgl. Lister (2002), S.363.

[297] Vgl. Dearden/Salama (2001), S.11.

[298] Vgl. Matambalya (2001), S.42f. Art XXV Abs. 5 der GATT-Vereinbarungen sagt aus, dass „unter ... außergewöhnlichen Umständen die Vertragsparteien eine Vertragspartei von einer ihr durch dieses Abkommen auferlegten Verpflichtung befreien [können],

Schon die Yaoundé-Abkommen waren innerhalb des GATT kontrovers. Die Diskussion wurde aber nicht weiter verfolgt, da die unter Lomé gewährten Präferenzen nicht reziprok waren und so auch die USA keinen Anlass zu einer weiteren Diskussion sahen.[299] Die Nicht-Reziprokität von Handelspräferenzen war außerdem eine alte Forderung von Entwicklungsländern seit den fünfziger Jahren.[300] Die Freihandelszonen im Rahmen der EPAs müssen ebenfalls dem WTO-Recht entsprechen, so dass auch die bisher von der AKP-Kooperation ausgenommene Landwirtschaft in solche Abkommen miteinbezogen werden müsste. Dem stehen aber die Pläne der EU zur Reform der GAP teilweise entgegen. Auch können gleichzeitige WTO- und AKP-Verhandlungen die Leistungsfähigkeit vieler Entwicklungsländer übersteigen.[301]

5.5 Die Entwicklung der AKP-Kooperation der Europäischen Union

Zwar unterscheiden sich die AKP-Staaten untereinander sehr stark in Größe, Einwohnerzahl etc., sind aber hinsichtlich ihrer Handelsstruktur ähnlich. Sie sind stärker als vergleichbare Länder vom Primärgüter-Export abhängig. Der Anteil der drei wichtigsten Primärgüter am Gesamtexport beträgt in vielen Fällen über 80%.[302] Im Gegensatz dazu ist die Abhängigkeit der EU von Importen aus den AKP-Staaten gering. Ein höheres Ausmaß ist nur bei Nahrungsmitteln wie Kaffee oder Kakao gegeben.[303]

Allgemein wird die Gewährung von Präferenzzöllen durch die EU schwierig, da das weltweite Zollniveau von 40% während der vierziger Jahre auf 5% in den neunziger Jahren gefallen ist, so dass nur noch wenig Raum für die Gewährung

---

vorausgesetzt, dass ein solcher Beschluss mit Zweidrittelmehrheit der abgegebenen Stimmen gebilligt wird ...". Die EU und die AKP-Staaten verfügen aber zusammen nur über ca. 50% der Stimmen in der WTO, vgl. Matambalya (2001), S. 43.

[299]   Vgl. Grilli (1994), S.12.
[300]   Vgl. Grilli (1994), S.30f.
[301]   Vgl. Dearden/Salama (2001), S.9.
[302]   Vgl. Greenidge (1998), S.39-42.
[303]   Vgl. Greenidge (1998), S.51f.

von Präferenzzöllen bleibt.[304] Außerdem werden auf viele Exportgüter der AKP-Staaten von der EU keine oder nur niedrige Zölle erhoben.[305] Spezielle Abkommen und Protokolle erschweren zusätzlich den Export aus den AKP-Staaten in die EU,[306] da meist NTBs wie z.b. Einfuhrkontingente vereinbart werden. Tabelle 5 zeigt hingegen, dass die Finanzhilfe für die AKP-Staaten kontinuierlich gesteigert worden ist.

Tabelle 5: Höhe der EU-Finanzhilfe für die AKP-Staaten in M€

Yaoundé I	Yaoundé II	Lomé I	Lomé II	Lomé III
730	918	3.500	5.500	8.500
Lomé IV a	Lomé IV b	Cotonou		
12.000	14.625	15.200		

Quellen: Harrop (2000), S.270-273, Dearden/Salama (2001), S.11, Lister (2002), S.365

STABEX wurde, wie andere Programme dieser Art, kritisiert, da die Beihilfe automatisch und zu schnell gewährt wurde und die Entwicklungsländer an der Diversifikation ihrer Exporte hinderte. STABEX bestraft durch Fehlanreize diejenigen Länder, die effiziente Binnenmärkte für Rohstoffe haben und versuchen, ihre Außenhandelsbilanz auszugleichen. SYSMIN-Zahlungen kamen nur wenigen AKP-Staaten zu Gute, auch weil nicht genug förderungswürdige Projekte vorhanden waren.[307] Da diese Zahlungen nicht konditioniert waren, sind sie nicht als Entwicklungshilfe anzusehen, sondern vielmehr als Einkommenstransfer an die Regierung des Entwicklungslandes. Sie verbesserten durch die alleinige Ausrichtung an Waren (und nicht z.B. an Kriterien des Entwicklungsstandes eines Landes) jedoch eher das Einkommen der Entwicklungsländer mit mittleren Einkommen.[308] Diese Länder haben aber schon einen gewissen Entwicklungsstand erreicht und können z.B. kapitalintensive Bergbauprodukte abbauen. Landwirt-schaftliche Zusammenarbeit wurde erst ab Lomé II berücksichtigt, weil die sich damals stark verschlechternde Ernährungslage zur Einbeziehung der Landwirtschaft in

---

[304] Vgl. Lister (2002), S.363. Etwa 63% aller AKP-Exporte in die EU erhalten keine Präferenzzölle, vgl. Greenidge (1998), S. 50f.

[305] Vgl. Harrop (2000), S.277.

[306] Vgl. Greenidge (1998), S.51.

[307] Vgl. Harrop (2000), S.276f.

67

eine langfristige Entwicklungsstrategie der EU führte.[309] Die Gewährung eines erleichterten Marktzugangs kann die begünstigten Länder zu einer suboptimalen Auslastung ihrer Ressourcen verleiten, in der nur der status quo aufrecht erhalten wird.[310]

Grundlegende Probleme in den meisten AKP-Staaten werden durch die Erleichterung des Zuganges zu den EU-Märkten nicht gelöst. Neben mangelnder Diversifikation der Exporte sind zu teure Produktion bei nur geringer Produktivität, mangelnde Informationen über die Absatzmärkte, eine schwach entwickelte Produktpalette und auch die Behinderung der exportorientierten Industrie in den betroffenen Staaten selbst zu nennen. Die AKP-Staaten können nur bei wenigen Produkten (außer bei Rohstoffen) komparative Vorteile erzielen, so z.b. bei Kleidung.[311] Die Ausnutzung dieser Vorteile ist ihnen aber kaum möglich, da auch im Rahmen der AKP-Kooperation diejenigen Produkte, bei denen Hersteller in der EU den schärfsten Wettbewerb zu fürchten hatten, von der Kooperation ausgenommen waren. Auffälligstes Beispiel hierfür ist die GAP.[312] Hinzu kommen Verzögerungen bei der Auszahlung der Hilfe. Die Ineffizienz der EU-Verwaltung in diesem Bereich macht die Tatsache deutlich, dass zwischen 2000 und 2007 eine Summe von 9,9 Mrd. € zusätzlich an Zahlungen an AKP-Staaten ausgegeben werden kann, die in der Vergangenheit bewilligt, aber nicht verwendet wurden.[313]

Trotz der gewährten Handelsvergünstigungen konnten die AKP-Staaten ihren Handel mit der EU nicht ausbauen. Ihr Anteil an den gesamten Importen der EU fiel, im Gegensatz zu anderen Entwicklungsländern, denen weniger Handelsvergünstigungen eingeräumt wurden.[314] Auch innerhalb der AKP-Staaten gibt es Unterschiede hinsichtlich der Handelsentwicklung, so konnten einige Länder, wie z.B. Mauritius, ihre Exporte in die EU erheblich steigern.[315] Den größten Anteil an den Exporten der AKP-Staaten in die EU hat Erdöl,

---

[308] Vgl. Kappel (1999b), S.37.
[309] Vgl. Ferdowsi (1999), S.17f.
[310] Vgl. Stoeckel (2000), S.34.
[311] Vgl. Kappel (1999b), S.34.
[312] Vgl. Dearden/Salama (2001), S.11.
[313] Vgl. Lister (2002), S.362.
[314] Vgl. Davenport/Hewitt/Koning (1995), S.5f.
[315] Vgl. Davenport/Hewitt/Koning (1995), S.25.

während es bei landwirtschaftlichen Produkten tropische Produkte sind, wie Kaffee, Kakao oder Pflanzenöle, die für einige AKP-Staaten die Hauptquelle für Exporterlöse darstellen.[316] Im Handel mit den AKP-Staaten betrugen Ein- und Ausfuhr der EU 1999 jeweils ca. 21,8 Mrd. €, wobei 7,1 Mrd. € landwirtschaftliche Erzeugnisse importiert, v.a. Tee, Kaffee und Kakao, aber nur 2,9 Mrd. € exportiert wurden.[317] Die Handelsvereinbarungen der EU mit den AKP-Staaten konnten also nicht dazu beitragen, die AKP-Exporte im erhofften Ausmaß zu diversifizieren.

Ein Grund hierfür sind die Einfuhrkontingente für landwirtschaftliche Produkte, welche von der GAP geschützt werden, die einigen AKP-Staaten jedoch nicht in der benötigten Höhe oder gar nicht gewährt werden. Hinzu kommen NTBs, z.B. sich verschärfende Produktstandards.[318] Aber auch die Zusammensetzung der Gruppe der AKP-Staaten kann ihre mangelnde Exportleistung der EU gegenüber erklären. So ist für die Staaten der Karibik Nordamerika der wichtigste Markt und für die Staaten des Pazifiks Australien.[319]

Generell fehlt der EU eine klare Strategie in der Entwicklungshilfe, da viele, ungenau definierte Ziele nebeneinander existieren. Dem schafft der Vertrag von Cotonou teilweise Abhilfe, indem er die Reduzierung der Armut als wichtigstes Ziel der EU-Hilfe nennt. Gleichzeitig soll dieses Ziel aber in Einklang mit nachhaltiger Entwicklung und der Integration der AKP-Staaten in die Weltwirtschaft erreicht werden. Weiterhin soll die EU-Hilfe nach den Bedürfnissen und der bisherigen Leistung eines Entwicklungslandes bewilligt werden, so dass sich hier eine Möglichkeit ergeben könnte, das eigentliche Ziel nicht zu beachten oder sogar zu umgehen.[320] Das Verhältnis der EU zu ihren AKP-Partnern wird sich in den nächsten Jahren verändern, auch im Zuge der EU-Osterweiterung. Wie dieses Verhältnis nach Ablauf des Vertrages von Cotonou 2020 aussehen wird, ist kaum vorherzusagen.[321]

---

[316] Vgl. Davenport/Hewitt/Koning (1995), S.9f.
[317] Vgl. Europäische Kommission (2002b), S. T/190. Im Vergleich dazu betrug im Jahr 1999 der Agrarhandel mit den Ländern des Mittelmeerraumes 4,1 Mrd. € (Import) bzw. 4,5 Mrd. € (Export), vgl. Europäische Kommission (2002b), S. T/191.
[318] Vgl. Davenport/Hewitt/Koning (1995), S.7, 31-33.
[319] Vgl. Subhan (1995), S.20.
[320] Vgl. Dearden/Salama (2001), S.13.
[321] Vgl. Dearden/Salama (2001), S.15 sowie Kap.6.1.

5.6 Everything but arms – Handelshilfe für die least developed countries

Als erste große Handelsmacht hat die EU zur Unterstützung der LDCs im März 2001 das Programm *everything but arms* (EBA) eingeführt, das allen LDCs zollfreien Marktzugang in der EU für alle Güter außer Waffen ab 2004 garantiert.[322] Einbezogen werden also auch LDCs, die nicht Mitglied der AKP-Gruppe sind, z.B. Jemen oder Bhutan. Allerdings werden wiederum Ausnahmen für Agrargüter gemacht, so z.B. für Reis und Zucker, auf die noch bis 2009 - wenn auch reduzierte- Zölle erhoben werden. Gleichzeitig werden für diese Waren jedoch zollfreie Importkontingente eingeführt.[323] Damit besteht aber die Gefahr, dass v.a. Zuckerimporte aus den LDCs Exporte aus anderen Entwicklungsländern verdrängen, denen kein zollfreier Zugang gewährt wird. Auch wird sich durch EPA die Konkurrenz zwischen LDCs, AKP-Staaten und Entwicklungsländern, die vom GSP profitieren, verstärken.[324] Eine Exportsteigerung in die EU kann jedoch auch mit Kostensteigerungen, z.B. für Tarnsporte aus LLDCs, verbunden sein. Hier wäre eine Integration in regionale Märkte vorteilhafter.[325]

Da für sensible Produkte wiederum kein freier Marktzugang gewährt wird, sprechen Kritiker auch vom „everything but farms"-Programm.[326] Trotz der moderaten Zugeständnisse stieß das EBA-Programm auf heftigen Widerstand der EU-Agrarlobby.[327] Die Importe der EU aus den LDCs betragen jedoch nur 1% ihrer Gesamtimporte, so dass eine Reduktion der GAP-Subventionen für die LDCs vorteilhafter wäre.[328]

---

[322] Vgl. EU (2001) und Schilder (2001), S.2.
[323] Vgl. EU (2001).
[324] Vgl. Schilder (2001), S.4f. und Kapitel 5.3.
[325] Vgl Schilder (2001), S.5.
[326] Vgl Von der Knesebeck/Neumair (2002), S.21.
[327] Vgl. Schilder (2001), S.3.
[328] Vgl. Schilder (2001), S.6.

5.7 Kohärenz zwischen GAP und Entwicklungshilfe

5.7.1 Forderung nach Kohärenz

Art. 178 EG-Vertrag wird als Aufforderung zur Kohärenz zwischen EU-Entwicklungshilfe und allen anderen Politikbereichen der EU interpretiert. Da die GAP einen der wichtigsten Politikbereiche der EU verkörpert und gleichzeitig der Agrarsektor der wichtigste Wirtschaftsbereich für viele Entwicklungsländer ist, stellt sie eine Hauptquelle für mögliche Inkohärenzen dar.[329] Die Subvention von Zucker-Exporten läuft z.B. Maßnahmen zur Förderung des Lebensstandards von Zucker-Produzenten in den AKP-Staaten entgegen.[330] Fraglich ist auch, ob die Aufforderung zur Kohärenz nicht eine Unterordnung der Entwicklungshilfe unter alle anderen Interessen bewirkt.[331] Ein Beispiel für mangelnde Kohärenz zwischen Entwicklungshilfe und anderen Politikbereichen ist der von der EU geförderte Fleischexport in einige westafrikanische Länder.

5.7.2 Ein Beispiel für mangelnde Kohärenz: Fleischexport nach Westafrika

Noch in den siebziger Jahren war die EU einer der weltgrößten Netto-Importeure von Rindfleisch. Durch produktionstechnische Fortschritte wurde sie jedoch schon Anfang der achtziger Jahre zum Netto-Exporteur, da bei steigender Produktion der EU-Durchschnittsverzehr, später auch bedingt durch die BSE-Krise, sank.[332] Die Suche nach neuen Absatzmärkten wurde durch die begrenzte Lagerfähigkeit von Rindfleisch noch verschärft. Die EU zahlte daher Exporterstattungen, um die Preise der EU-Erzeuger auf ein konkurrenzfähiges

---

[329] Vgl. Von Braun et al. (1996), S.9f. Art. 178 EG-Vertrag fordert die EG auf, die Ziele des Art. 77 bei denjenigen Politiken zu berücksichtigen, die die Entwicklungsländer berühren können. Die in Art. 177 EG-Vertrag genannten Ziele sind nachhaltige wirtschaftliche und soziale Entwicklung in den Entwicklungsländern, deren Eingliederung in die Weltwirtschaft sowie die Bekämpfung der Armut.
[330] Vgl. Lister (1998), S.24.
[331] Vgl. Lister (1998), S.24.
[332] Vgl. Brandt (1995), S.6-8.

Weltmarktniveau abzusenken. Durch die Einführung von Produktionsquoten für Milch 1984/85 und deren Verschärfung 1987/88 erhöhte sich kurzfristig die Anzahl der Schlachtungen und damit auch der Exportdruck. Daher sanken im vorliegenden Fall die Preise weit unter EU- und Weltmarktniveau. So exportierte Deutschland 1986 Rindfleisch zu Preisen zwischen 0,42 € (0,83 DM) und 0,68 €/kg (1,33 DM/kg) in die Côte d'Ivoire, während in Deutschland von den Interventionsstellen ca. 3,83 €/kg (7,50 DM/kg) gezahlt wurden.[333] Westafrika bot sich als ein neuer Exportmarkt für die EU an, da nach zwei großen Dürren der dortige Rindfleischbestand erheblich reduziert war, sich gleichzeitig aber die Nachfrage nach billigem tierischem Eiweiß erhöhte.[334]

In den Küstenregionen Westafrikas und der südlichen Sahel-Zone kann aufgrund ungünstiger Bedingungen kein Rindfleisch produziert werden. Sie werden traditionell durch die Überschüsse anderer Länder der Region mit Rindfleisch versorgt. Die rindfleischimportierenden Länder Westafrikas, wie z.B. Ghana oder Togo zogen die billigeren EU-Importe denen der traditionellen Lieferantenländer, z.B. Mali oder Niger, vor. Der daraufhin einsetzende Preisverfall reduzierte die Preise auf ein Drittel, so dass den nomadisch lebenden Hirten fast die Existenzgrundlage entzogen wurde. Die herrschenden klimatischen Bedingungen in der Sahelzone lassen jedoch keinen Getreideanbau zu, so dass eine Orientierung auf andere landwirtschaftliche Produkte nicht möglich war.[335]

Das nach Westafrika exportierte EU-Rindfleisch war mit Hilfe der Subventionen günstiger als das anderer Länder, wie z.B. Argentiniens, aber auch günstiger als das Fleisch einheimischer, westafrikanischer Länder geworden. Es wurden sogar Anklagen geäußert, EU-Fleischhändler würden sich minderwertigen Fleisches entledigen, um so die Exporterstattung zu erhalten, selbst wenn sie an einem tatsächlichen Verkauf nicht interessiert waren, da der eigentliche Verkaufserlös nur einen Bruchteil der Exporterstattungen ausmachte.[336] Die EU zahlte in den Jahren 1981 - 1993 ca. 564 MECU an Exporterstattungen für den Rindfleischexport nach Westafrika. Fallende Lagerbestände in der EU

---

[333] Vgl. Brandt (1995), S.10.
[334] Vgl. Brandt (1995), S.42.
[335] Vgl. Thorbrietz (1994), S.260–262 und Brandt (1995), S.18.
[336] Vgl. Brandt (1995), S.13.

reduzierten ab 1994 den Druck, Rindfleisch zu exportieren. Aber auch die EU selbst entspannte die Lage durch einen schrittweisen Abbau ihrer Exporterstattungen um 30 % in den Jahren 1993 und 94.[337] Eine weitere Reduzierung der durch Exporterstattungen geförderten Rindfleischexporte der EU brachten die Vereinbarungen der Uruguay-Runde des GATT.[338] Die Exporte der EU nach Westafrika sanken so von 40.502 t im Jahr 1990 auf 3.315 t 1998.[339]

Der Export der EU nach Westafrika betrug jedoch zu keiner Zeit mehr als 0,5% der Gesamtproduktion an Rindfleisch der EU, stellten aber im regionalen Zusammenhang eine große Menge dar.[340] Parallel zu den Exporterstattungen zahlte die EU Entwicklungshilfe für die Tierproduktion in Westafrika. Wegen der Vielzahl der Geber ist allerdings eine genaue Benennung der Beträge schwierig. Ausgehend von den Zahlungen des deutschen Entwicklungshilfeministeriums zwischen 1975 und 1993, die sich auf 132.776.157 DM (67.882.258 €) beliefen, schätzt Brandt (1995) die Zahlungen aller Geber auf das acht- bis zehnfache, also einen Betrag zwischen 543,1 M€ und 678,8 M€.[341] Die von der EU gezahlten Beträge für die Förderung des Rindfleischexports nach Westafrika wurden also von den Zahlungen zur Förderung der Tierproduktion in Westafrika in etwa gleicher Höhe begleitet.

Auswirkungen auf den Rindfleischmarkt zeigten sich jedoch nicht in gleicher Weise in ganz Westafrika. Auch wegen hoher Gewinne der Importeure traten die oben beschriebenen Auswirkungen v.a. in der Côte d'Ivoire auf, in die der Hauptteil der EU-Exporte ging, und ihren beiden traditionellen Lieferländern, Mali und Burkina Faso. Schnell sinkende Einkommen in der Côte d'Ivoire ließen den Verbrauch Anfang der 90er Jahre sinken, so dass die Verbraucher sich wieder verstärkt einheimischen Rindfleisch zuwandten.[342] Hinzu kam die

---

[337] Vgl. Brandt (1995), S.13f.

[338] Vgl. v.Urff (1994), S.17-19.

[339] Vgl. Van Meijl/Van Tongeren/Veenendaal (2000), S.35.

[340] Vgl Davenport/Hewitt/Koning (1995), S.29.

[341] Vgl. Brandt (1995), S.61.

[342] Vgl. Brandt (1995), S.33, 41. Die Exporte der EU beeinflussten aber nicht nur die Rindfleischmärkte. Die viehhaltenden Nomaden erzielten geringere Einkommen und konnten so in der Trockenzeit weniger Getreide kaufen, was eine mögliche Ursache für die unter ihnen herrschende Mangelernährung sein könnte. Auch verkauften sie wegen

Abwertung des CFA-Francs 1994, die die Importe aus der EU verteuerte,[343] nicht jedoch aus den Lieferländern, in denen ebenfalls der CFA-Franc gilt. Mit sinkenden EU-Importen stiegen die Preise wieder an.[344]

Die im Zuge der Agenda 2000-Reformen fallenden Preise für Rindfleisch innerhalb der EU werden eine verstärkte Binnennachfrage und damit sinkendende Exporte zur Folge haben. Gleichzeitig wird infolge einer Erneuerung des Interventionspreis-Systems der EU für Rindfleisch die Produktion leicht sinken.[345] Eine weitere Entspannung der Situation ergibt sich durch steigende Nachfrage in den kaufkraftstärkeren Ländern Ost- und Südostasiens, so dass Westafrika für Exporteure auf dem Weltmarkt an Attraktivität verlieren dürfte.[346]

5.8 Die Nahrungsmittelhilfe der Europäischen Union vs. die Nahrungshilfe der USA unter Public Law 480

Nahrungsmittelhilfe ist „die Lieferung landwirtschaftlicher Produkte an Bedürftige zu vorteilhafteren Preisen als zu Marktpreisen"[347]. Dies kann auch eine Schenkung oder andere Maßnahmen beinhalten. Die Unterscheidung zwischen Nahrungsmittelhilfe zu niedrigeren Preisen und subventionierten Exporten zu niedrigeren Preisen als auf dem Weltmarkt ist hingegen schwierig.[348] Für die Geberländer stellt Nahrungsmittelhilfe eine attraktive Möglichkeit dar, sich ihrer Überschüsse zu entledigen, da die kostenlose Abgabe durch den Wegfall der Zahlung der Differenz zwischen Interventions- und Weltmarktpreis für sie günstiger ist als der subventionierte Export.[349]

---

der fallenden Preise nur wenig Vieh, was zu anwachsenden Herden und damit der Gefahr der Überweidung und Vegetationszerstörung führte, vgl. Brandt (1995), S.64f.

[343]   Vgl. Brandt (1995), S.49
[344]   Vgl. Brandt (1995), S.49
[345]   Vgl. Europäische Kommission (2000), S.12, 18.
[346]   Vgl. Brandt (1995), S.66.
[347]   Laurens (1976), S.47.
[348]   Vgl. Gabbert (2000), S.17f. Das AoA bestimmt daher, dass Nahrungsmittelhilfe weder direkt noch indirekt an kommerzielle Exporte gebunden werden darf, vgl. Gabbert (2000), S.40.
[349]   Vgl. auch Kapitel 3.2.4.

Die US-amerikanische Nahrungshilfe begann mit Lieferungen nach Europa in der Zeit nach dem Ersten Weltkrieg und wurde nach Ende des Zweiten Weltkrieges noch verstärkt. Die US-Hilfe für einige europäische Länder dauerte teilweise bis in die siebziger Jahre hinein an. Als Teil der amerikanischen Außenpolitik wurde 1954 mit dem Public Law (PL) 480 ein ständiges Nahrungshilfeprogramm verabschiedet. Dieses Programm war von Anfang an auch als Absatz-möglichkeit von Agrarüberschüssen vorgesehen. Ein europäisches Nahrungs-mittelprogramm wurde dagegen erst 1968 nach dem Internationalen Weizenabkommen geschaffen.[350] Wegen des Erfolges von PL 480 bei der Reduzierung der Produktionsüberschüsse wurde es im Rahmen der Überarbeitung der amerikanischen Agrargesetze 1996 erneuert und beibehalten.[351]

Während das amerikanische Programm unter PL 480 generell für Agrarüberschüsse galt, stellte das europäische nur bestimmte Waren, v.a. Getreide bereit. Andere Überschüsse, wie z.B. Fleisch, Wein oder bestimmte Gemüsearten wurden dagegen eher gelagert oder vernichtet. Die EU sah ihr Programm als Entwicklungshilfe an und nicht als Interessenvertretung einheimischer Landwirte oder Möglichkeit zur Erschließung neuer Märkte. Weiterhin dient es nicht der Verfolgung von außen- oder handelspolitischen Zielen, z.B. ist die Vergabe von EU-Nahrungsmittelhilfe unabhängig von der Zugehörigkeit eines Landes zu den AKP-Staaten.[352] Die Nahrungsmittelhilfe durch die EU stellt zudem immer eine Schenkung dar.[353]

Nahrungsmittelhilfe kann aber auch Abhängigkeiten schaffen. Die kostenlose Lieferung von Nahrungsmitteln in ein Entwicklungsland drängt durch niedrigere Preise und sich ändernde Verbrauchergewohnheiten einheimische Anbieter aus dem Markt. Danach reduzieren die Geberländer schrittweise die kostenlose

---

[350] Vgl. Cahtie (1997), S.7-9,17. Neben dem EU-Programm unterhalten die einzel-en Mitglieder noch eigene Nahrungsmittelhilfe-Programme, deren Zielsetzungen sich von denen der EU unterscheiden können. Sie machen jedoch nur etwa 40% der gesamten EU-Nahrungsmittelhilfe aus, so dass auf eine nähere Betrachtung hier verzichtet wird. Für einen Überblick über die nationalen Programme vgl. Cathie (1997), S. 32-44.

[351] Vgl. Loseby/Piccinini (2001), S.53.

[352] Vgl. Cathie (1997), S.23f. und S.68.

[353] Vgl. Gabbert (2000), S.20f.

Lieferung zugunsten von Exporten der gleichen Güter zu normalen Preisen.[354] Eine mögliche Lösung des Problems für die Entwicklungsländer sind so genannte Dreiecksgeschäfte. Hierbei werden mit Hilfe von Finanzmitteln des Geberlandes Nahrungsmittel für das Empfängerland in einem Drittland gekauft, so dass das Geberland nur noch als Bereitsteller von Finanzmitteln auftritt. Auf diese Weise wird auch das Lieferland weltwirtschaftlich eingebunden.[355] Die kürzeren Transportwege verringern Kosten und die Dauer bis zum Eintreffen der Hilfe und erlauben es, besser auf die Ernährungsgewohnheiten der Empfängerländer einzugehen.[356]

Der Anteil der Nahrungsmittelhilfe an den Agrarexporten der Geberländer betrug seit Anfang der siebziger Jahre zwischen drei und acht Prozent. Gleichzeitig ist die Anzahl der Empfängerländer weltweit auf über 90 gestiegen.[357] Der Umfang der Nahrungsmittelhilfe hat sich jedoch in den neunziger Jahren stark verringert.[358] Der Vorwurf, dass während der achtziger und zu Beginn der neunziger Jahre die Industriestaaten versuchten, sich mit Hilfe der Nahrungsmittelhilfe ihrer Agrarüberschüsse zu entledigen, wird in der Literatur teils bestätigt,[359] teils widerlegt.[360] In jüngerer Zeit konnte jedoch eine Einschränkung der Nahrungsmittelhilfe zugunsten kommerzieller Getreideexporte beobachtet werden.[361]

---

[354] Vgl. Schumann (1986), S. 68.
[355] Vgl. Höhmann-Hempler (1997), S.25 sowie Cathie (1997), S.48.
[356] Vgl. Gabbert (2000), S.33.
[357] Vgl. Gabbert (2000), S.21f.
[358] Vgl. Gabbert (2000), S.28.
[359] Vgl. Höhmann-Hempler (1997), S.23f.
[360] Vgl. Gabbert (2000), S.42-44.
[361] Vgl. Höhmann-Hempler (1997), S.24f.

6. Ausblick

Die zu erwartenden Zuwächse der Weltbevölkerung auf über acht Milliarden Menschen im Jahre 2025 stellen auch die Landwirtschaft vor eine große Herausforderung, zumal dann die Hälfte der Weltbevölkerung in Städten leben[362] und kaum Möglichkeiten zur Subsistenzwirtschaft haben wird. Auch geht das Wachstum der Städte teilweise zu Lasten landwirtschaftlich genutzter Flächen,[363] was die Versorgung zusätzlich erschwert. Die Verstädterung bringt zudem Änderungen der Ernährungsgewohnheiten mit sich, da mehr Weizen und Reis konsumiert werden und ein Anstieg des Verbrauchs bereits verarbeiteter Nahrungsmittel zu beobachten ist.[364] Um der mit der Urbanisierung einhergehenden Verarmung begegnen zu können, müssen auch die sozialen Sicherungssysteme an die neuen Umstände angepasst werden. Dazu benötigen die Entwicklungsländer neben technischer und finanzieller Hilfe auch die Öffnung der Märkte für ihre Produkte in den Industrieländern.[365] Neben einer Liberalisierung des Welthandels sind aber auch Reformen in den Entwicklungsländern notwendig, so z.B. Zugang zu Grund und Boden für ärmere Bevölkerungsschichten, Privatisierungen, Handels- und Preisliberalisierungen sowie ein Abbau der staatlichen Wirtschaftslenkung. Dies ermöglicht ein Einkommenswachstum in der Landwirtschaft, mit dessen Hilfe aufgrund externer Nachfrageeffekte auch die Armut in ländlichen Gebieten wirksam bekämpft werden kann.[366]

Die zu erwartenden Beschränkungen bei der Subventionierung von Exporten durch die Beschlüsse der nächsten WTO-Runde und die zunehmende Anzahl von Abkommen zwischen der EU und Drittstaaten lassen weitere Änderungen der EU-Agrarpolitik und ein Angleichen des EU-Preisniveaus an das Weltmarktpreisniveau wahrscheinlich werden.[367] Die EU stellt sich einer

---

[362] Vgl. McCalla (1998), S.39.
[363] Vgl. Anderson/Crosson (1992), S.24.
[364] Vgl. Cohen/Pinstrup-Andersen (2000), S.35.
[365] Vgl. Cohen/Pinstrup-Andersen (2000), S.50f.
[366] Vgl. Weltbank (2001), S. 78f., 112-114. Allerdings können Reformen den Armen auch schaden, z.B. durch einen Wegfall indirekter Subvention durch staatlich garantierte Preise, vgl. Weltbank (2001), S.80.
[367] Vgl. Koester (2001), S.354f.

weiteren Liberalisierung der Weltagrarmärkte nicht mehr entgegen, da sie mit schnell ansteigender Nachfrage auf dem Weltmarkt rechnet, der sie ohne weitreichende weltweite Änderungen u.U. nicht begegnen kann.[368]

Der politische Druck zur Änderung der GAP durch Steuerzahler und Nichtlandwirte wird sich erhöhen, da die Transfers durch die Einführung von Direktzahlungen nun sichtbar und nachvollziehbar geworden sind.[369] Auch die Industrie befürwortet eine Politikänderung und wendet sich gegen den Agrarprotektionismus der EU.[370] Darüber hinaus hat sich der Fokus der EU-Politik besonders auf näher liegende Regionen konzentriert, Ost-Europa und das Mittelmeer.[371] Ob der Vertrag von Cotonou dieser regionale Konzentration entgegensteuert, bleibt fraglich, da sie durch die Aufnahme neuer Mitglieder in die EU noch verstärkt wird.

6.1 Zukünftige Tendenzen der EU-Politik und die Entwicklungs-länder

Das wichtigste Ereignis der kommenden Jahre für die EU ist die anstehende Osterweiterung. Die Aufnahme zehn neuer und teilweise erheblich rückständiger Mitgliedsstaaten wird nicht ohne Auswirkungen auf das Verhältnis zwischen EU und den Entwicklungsländern bleiben.[372]

6.1.1 Die EU-Osterweiterung

Die zehn Kandidaten für einen Beitritt mittel- und osteuropäischer Staaten im Jahr 2004 wurden am 9.10.2002 von der Kommission benannt. Über eine Reihe von Details, die v.a. die Landwirtschaft und die Finanzierung der Erweiterung

---

[368]   Vgl. Fischler (2001), S.xviii.
[369]   Vgl. Koester (2001), S.355f.
[370]   Vgl. Koester (2001), S.356f.
[371]   Vgl. Lister (2002), S.360.
[372]   Vorschläge einer Transatlantic Free Trade Area zwischen EU und USA oder einer North Atlantic Economic Community als wirtschaftliche Erweiterung der NATO sollen hier nicht betrachtet werden, da deren Gründung im Gegensatz zur aktuell anstehenden EU-Osterweiterung in der Literatur nur am Rande erörtert wird. Vgl. dazu Josling (1998), S32f.

betreffen, muss aber dennoch weiterverhandelt werden.[373] In Tabelle 6 wird deutlich, dass die Landwirtschaft in den Beitrittsländern eine erheblich größere Rolle als in der EU-15 spielt.

Tabelle 6: Anteil der Landwirtschaft an der Bruttowertschöpfung und den Erwerbstätigen in den osteuropäischen Beitrittsländern in %

	Bruttowertschöpfung	Erwerbstätige
Estland	6,3	7,4
Lettland	4,5	13,5
Litauen	7,6	19,6
Polen	3,3	18,8
Slowakei	4,5	4,5
Slowenien	3,2	3,2
Tschechien	3,8	3,8
Ungarn	4,8	4,8
EU (15)	2,5	4,5

Quelle: Von der Knesebeck (2002), S.40

Der Agrarsektor würde bei einem Beitritt und einer Übernahme der bisherigen GAP stärker wachsen als andere Sektoren. Dies verkleinert den Spielraum der EU-Agrarpolitik und eine protektionistische Agrarpolitik würde Konsumenten und letztendlich die gesamte Volkswirtschaft erheblich mehr als in der EU-15 belasten.[374] Nach einem Beitritt der MOE-Staaten ist davon auszugehen, dass das Ausmaß der Transfers innerhalb der dann erweiterten EU auch für die Landwirtschaft sinken wird. So würde Polen bei unveränderten Förderkriterien allein etwa 40% des gesamten Budgets der GAP benötigen.[375] Das volle Ausmaß der Transfers ist schwierig abzuschätzen, da das Produktionspotential der Beitrittsländer noch nicht vollkommen erreicht ist. Bei einem Beitritt müssen sie jedoch den *acquis communautaire* anerkennen und so die zum Beitrittszeitpunkt herrschende GAP übernehmen.[376]

---

[373] Vgl. Lytle (2002), S.A2.
[374] Vgl. Tangermann (1997), S.13f.
[375] Vgl. Kuznetsov (1999), S.327.
[376] Vgl. Tangermann (1997), S.14f.

Auch liegen die von der EU garantierten Preise über denen in den Beitrittsländern. Zudem wird dort ein höherer Anteil des Einkommens für Lebensmittel ausgegeben,[377] so dass eine Beibehaltung des jetzigen Preissystems auch für die Konsumenten in den MOE-Staaten negative Auswirkungen hätte. Darüber hinaus muss die GAP der dann erweiterten EU-25 WTO-konform sein. Die Zollbindungen für Agrarprodukte im Rahmen der WTO erlauben es den MOE-Staaten zum größten Teil nicht, das Protektionsniveau der EU zu übernehmen. In diesem Fall könnten andere WTO-Mitglieder Kompensationen verlangen, so dass ein Absenken der Zölle auf EU-Niveau wahrscheinlich ist.[378] WTO-rechtlich ist der Beitritt der 10 Staaten die Erweiterung einer Zollunion. In diesem Fall darf es nicht zu einer Erhöhung des Schutzniveaus kommen.[379]

6.1.2 Auswirkungen der EU-Osterweiterung auf die Entwicklungsländer

Eine sich vertiefende europäische Integration wird auch die Politik der Europäischen Union gegenüber den Entwicklungsländern verändern. Aufgrund des teilweise erheblichen Abstandes der Beitrittsländer in ihrer Entwicklung zur EU-15 wird sich die europäische Politik in den kommenden Jahren auf die Verringerung dieses Abstandes konzentrieren, so dass die Gefahr besteht, dass das Verhältnis der EU zu den Entwicklungsländern nur noch von marginaler Bedeutung sein wird. Die möglichen Veränderungen im Verhältnis zwischen EU und Entwicklungsländern im Zuge der Annäherung zwischen der EU und Mittel- und Osteuropa nach Beendigung des Ost-West-Konflikts[380] haben sich teilweise bewahrheitet, wie sich an der kommenden Erweiterung der EU zeigt. Abzuwarten bleibt, ob diese Politik auch in der Entwicklungszusammenarbeit,

---

[377] Vgl. Europäische Kommission (1997), S.26.
[378] Vgl. Europäische Kommission (1997), S.27f. sowie Tangermann (1997), S.17f. Der Großteil der Wohlfahrtsgewinne kommt den Produzenten zu Gute, während die Konsumenten sogar Wohlfahrtsverluste hinnehmen müssen. Hierzu vgl. Weber (2001), S. 498-505.
[379] Vgl. Tangermann (1997), S.17.
[380] Vgl. Ferdowsi (1999), S.21.

v.a. mit Teilen Afrikas, zu einer fortschreitenden Marginalisierung der Entwicklungsländer führt.[381]

Die Osterweiterung wird den Reformprozesses der EU-Agrarpolitik weiter vorantreiben, da die Kosten einer Übertragung der Agrarpolitik ohne Umsetzung der Agenda 2000 zu hoch wären. Hinzu kommt externer Druck durch die WTO-Verhandlungen, in denen die USA weiter versuchen werden, auf eine vollständige Beseitigung von Zöllen und Subventionen im Agrarsektor hinzuarbeiten.[382] Die Nachfrage nach Nahrungsmitteln wird sich wegen der geringeren Einkommen der Einwohner der Beitrittsländer nur wenig erhöhen, gleichzeitig würde bei Übernahme der bisherigen GAP-Regeln mehr als das Doppelte der in den MOE-Staaten üblichen Erzeugerpreise gezahlt.[383] Dies würde zu einer Verschärfung der Überschussproduktion führen. Durch die Verbesserung von Technologie und Management kann die Agrarproduktion in den MOE-Staaten weiter wachsen, da wegen der niedrigeren Bodenpreise Produktion aus der EU in die MOE-Staaten verlagert wird.[384]

Die EU-Osterweiterung wird kaum Auswirkungen auf die Entwicklung der Weltagrarmärkte haben, da die vorhergesagten Unterschiede in Verbrauch und Produktion der MOE-Staaten zwischen einer Mitgliedschaft in der EU und Beibehaltung des status quo zu gering sind.[385] Der Nahrungsmittelkonsum in den MOE-Staaten wird sich kaum oder nicht erhöhen,[386] so dass die bei einer Beibehaltung der jetzigen GAP ansteigenden Produktionsüberschüsse der EU-25 auf dem Weltmarkt abgesetzt werden müssten, wobei mit negativen Folgen für die Entwicklungsländer zu rechnen ist. Gleichzeitig ist aber die Gruppe der Beitrittsländer im Verhältnis zur EU-15 deutlich Nettoimporteur von Agrarprodukten,[387] so dass sie nur in geringem Umfang als Konkurrenten zu den Agrarexporten der Entwicklungsländer in die EU auftreten können.

---

[381] Vgl. Ferdowsi (1999), S.22.
[382] Vgl. Josling (1998), S.20 sowie Zoellick (2002), S.26.
[383] Vgl. Loseby/Piccinini (2001), S.30f.
[384] Vgl. Van Meijl/Van Tongeren/Veenendaal (2000), S.31.
[385] Vgl. FAL (2001), S.203.
[386] Vgl. Tangermann (1997), S.14.
[387] Vgl. FAL (2001), S.195. Die EU importierte 1999 aus den Beitrittsländern in MOE Agrarprodukte im Wert von 3.409,4 M€, exportierte aber gleichzeitig Waren im Wert von 4.840,1 M€, vgl. Europäische Kommission (2002b), S.T/194 – T/197.

Der Handel zwischen den Staaten Osteuropas und besonders den Entwicklungsländern Afrikas war vor dem Fall des Eisernen Vorhangs ideologisch geprägt.
Die Staaten des RGW handelten mit Staaten, in denen ein sozialistisches
Wirtschaftssystem herrschte. Dabei exportierten sie Waffen und Maschinen und
importierten dafür Agrarprodukte. Diese Handelsströme waren jedoch nie
besonders ausgeprägt und fanden teilweise sogar als direkte Tauschgeschäfte
statt.[388] Nach 1989 sanken die Exporte der osteuropäischen Staaten nach Afrika,
während die Afrikas stagnierten oder leicht stiegen, was ein Anzeichen für ein
vorhandene Möglichkeit zur Eroberung dieser Märkte sein könnte. Dagegen
spricht die Gewährung von Handelsvergünstigungen für osteuropäische Staaten
durch einige Industrieländer, die andere Staaten einseitig benachteiligte. Für die
Gewährung dieser Vergünstigungen bestand viel Spielraum, da sich z.B. die
meisten Länder Osteuropas an der Basis der EU-Präferenzenpyramide befanden,
während viele Entwicklungsländer an der Spitze dieser Pyramide standen.[389]
Dies zeigte sich bei der Gewährung der Handelspräferenzen, die bis zum
Freihandel und der Aufnahme in die EU ging.[390] Auch sind die Staaten
Osteuropas keine direkte Konkurrenz für LDCs, da die größten Konkurrenten
für sie bei den häufigsten Importprodukten in die EU v.a. ölfördernde Staaten
und NICs, wenn nicht sogar Industrieländer, sind.[391]
Gleichzeitig bietet eine sich durch ihren Beitritt verstärkende Kaufkraft der
neuen EU-Mitglieder auch Chancen für Entwicklungsländer. So importierten die
osteuropäischen Länder im Vergleich zu den westeuropäischen pro Kopf nur
25% an Kaffee oder nur 20% an Bananen.[392]

---

[388] Vgl. Ojo/Stevens (1996), S.132-134.
[389] Vgl. Ojo/Stevens (1996), S.134-137.
[390] Vgl. Kapitel 5.3.
[391] Vgl. Ojo/Stevens (1996), S.134-137.
[392] Vgl. Ojo/Stevens (1996), S.140.

6.1.3 Die Mittelmeer-Anrainer

Die Mehrzahl der Mittelmeer-Anrainer-Staaten, die nicht EU-Mitglieder sind,[393] ist für die EU aus zwei Gründen zunehmend bedeutender geworden. Sie stellen weitaus bedeutendere Handelspartner als z.B. die AKP-Staaten dar und exportieren v.a. Rohöl und -gas in die EU und können zudem auch aufgrund ihrer geographischen Lage leicht zu Ausgangsländern für Emigration in die EU werden.[394] Hinzu kommen hohes Bevölkerungswachstum und steigende Arbeitslosigkeit in den Maghreb-Staaten, die den Anreiz zur Emigration in die EU noch verstärken. Dem kann mit durch Freihandel hervorgerufenem Wirtschaftswachstum entgegengetreten werden.[395] Aber auch die Mittelmeer-Anrainer selbst haben Interesse an einer sich vertiefenden Kooperation, um ihre wirtschaftlichen und politischen Probleme zu überwinden.[396] Daher ist mit einer weiteren Fokussierung der EU-Politik auf diese Länder zu rechnen. Die für 2004 geplante Aufnahme Maltas und Zyperns in die EU und die für 2010 geplante Schaffung einer Freihandelszone zwischen der EU und den Mittelmeer-Anrainer-Staaten mögen als Beispiel hierfür dienen.[397]

Nach dem Beitritt Griechenlands, Spaniens und Portugals zur EG sahen sich die Nicht-Mitglieder im Mittelmeerraum Konkurrenz von zwei Seiten ausgesetzt. Auf der einen Seite mussten sie mit den AKP-Staaten um Handelspräferenzen und Entwicklungshilfe konkurrieren, auf der anderen Seite schützte die GAP nun auch die mediterranen landwirtschaftlichen Produkte der neuen Mitglieder.[398] Eine stärkere Kooperation der EU mit den Ländern des Mittelmeerraumes begünstigt einige Entwicklungsländer zu Lasten anderer Länder mit weitaus niedrigerem Einkommen. Die Agrarprodukte der Mittelmeeranrainer sind jedoch eher den Produkten der südlichen EU-Länder

---

[393] Mit Algerien, Ägypten, Israel, Jordanien, Libanon, Malta, Marokko, Syrien, den Gebieten der Palästinensischen Autonomiebehörde, Tunesien, Türkei und Zypern bestehen Freihandelsabkommen. Mit einigen dieser Staaten bestehen darüber hinaus noch engere Beziehungen. Vgl. Loseby/Piccinini (2001), S.86, 93.
[394] Vgl. Raya (2000), S.194f. sowie Atkinson (2000), S.308.
[395] Vgl. Mortimer (1994), S.111f., 114. Zwischen 1989 und 2025 ist mit einer Verdoppelung der Bevölkerung Nordafrikas zu rechnen, vgl. Mortimer (1994), S.112.
[396] Vgl. Farkas (1999), S.17.
[397] Vgl. Dearden (1999), S.334 sowie Bielewsky/ Grow/ Miller (2002), S.A1, A2.
[398] Vgl. Raya (2000), S.197.

ähnlich und stehen aufgrund komparativer Vorteile eher im Wettbewerb zu ihnen.[399] Eine direkte Konkurrenz zu den Produkten anderer Entwicklungsländer ist dagegen nur in geringem Ausmaß gegeben.[400]

6.2 Eine für Entwicklungsländer vorteilhafte Agrarpolitik der EU

Trotz der auch hinsichtlich ihrer Interessen im Agrarhandel vorhandenen Unterschiede zwischen den Entwicklungsländern[401] gibt es eine Reihe von Gemeinsamkeiten. So bestehen für den internationalen Agrarhandel gerade mit oder unter Entwicklungsländern einige Hindernisse. So ist dort zwar die Mehrheit der Bevölkerung von der Landwirtschaft abhängig, allerdings stellen hohe Transportkosten, Probleme bei der Konservierung, die Politik der jeweiligen Regierung und auch regionale Geschmacksunterschiede Probleme dar, die auch bei einer beschleunigten Liberalisierung des Weltagrarhandels schwierig zu beseitigen sind.[402] Der Großteil potentiell nutzbarer Anbauflächen befindet sich in Südamerika und Afrika, mit deren Hilfe andere Entwicklungsländer mit Nahrungsmitteln versorgt werden könnten. Doch stellen hohe Transport- und Opportunitätskosten, v.a. für die Nutzung gegenwärtig bewaldeter Flächen schwer zu überwindende Hindernisse dar.[403] Auch wurden in afrikanischen Entwicklungsländern in der Vergangenheit teilweise hohe implizite Steuern auf die Landwirtschaft erhoben, da die Innenpolitik v.a. auf die städtische Bevölkerung und die Industrie ausgerichtet war. Ein hoher Importschutz und die Ausnutzung von Preisdifferenzen zwischen Export- und Erzeugerpreisen durch staatliche Monopole schwächen den Anreiz zur Produktion zusätzlich ab.[404] Zusätzlich diskriminieren v.a. die Exportländer von cash crops ihre Produzenten.[405] Gerade diese Produkte könnten aber aufgrund

---

[399] Vgl. Grilli (1994), S.183, 199.
[400] Vgl. Grilli (1994), S.207f.
[401] Vgl. Michalopoulos (2001), S.97.
[402] Vgl. Folmer et al. (1995), S. 285f.
[403] Vgl. Anderson/Crosson (1992), S.18-20.
[404] Vgl. Weltbank (1997), S.55.
[405] Vgl. Gotsch/Herrmann/Peter (1995), S.19f.

ihres höheren Wertschöpfungsanteils eine Einnahmequelle für die Produzenten darstellen. Die Möglichkeiten zur Gewinnerzielung für Landwirte in den Entwicklungsländern sind also begrenzt.

Einer höheren Nachfrage nach Lebensmitteln in den Entwicklungsländern kann besser durch eine erhöhte Binnenproduktion begegnet werden.[406] Eine für Entwicklungsländer vorteilhafte EU-Agrarpolitik müsste hier die Binnen-produktion in den Entwicklungsländern erleichtern, indem die handelsver-zerrenden Wirkungen der EU-Exportsubventionen verringert oder abgeschafft werden.

Im Verhältnis zu den Entwicklungsländern wirkte die GAP bisher sowohl handelsschaffend, z.B. für in die EU importierte Futtermittel, als auch handelsverhindernd durch niedrig gehaltene Weltmarktpreise. Die eingelagerte Überschussproduktion der EU kann aber auch als schnell verfügbare Nothilfe bei Hungersnöten o.ä. dienen.[407] Allgemein wird die Nachfrage auf den Weltagrar-märkten ansteigen, wobei sich gleichzeitig der Verfall der realen Preise abschwächt bzw. die Preise sogar ansteigen.[408] Eine GAP in der bisherigen Ausgestaltung kann also auch für die Entwicklungsländer positiv sein, doch müssten sich dazu die Rahmenbedingungen in Agrarhandel und -produktion ändern.

Die zu erwartenden weltweiten Bevölkerungszuwächse der nächsten Jahrzehnte und die damit wachsende Nachfrage nach Nahrungsmitteln stellen auch die Landwirtschaft vor neue Herausforderungen, da ca. 90% der zur Sicherstellung der Ernährung nötigen Produktionssteigerungen aufgrund sich zunehmend erschöpfender Flächenreserven über Ertragszuwächse schon bestehender landwirtschaftlich genutzter Flächen erfolgen müssen. Die Industrieländer

---

[406] Vgl. Folmer et al. (1995), S.286.

[407] Vgl. Buckwell (2001), S.237f. sowie Kap. 6.2.1. und 6.2.2. Den größten Teil bereitgestellter Nahrungsmittelhilfe machen Getreide und pflanzliche Öle und Fett aus. Milchprodukte spielten v.a. in den siebziger Jahren aufgrund der EU-Überschussproduktion eine größere Rolle, vgl. Gabbert (2000), S.35f. Hier stellt sich jedoch die Frage der Transportfähigkeit und -kosten von Fleisch oder Butter, auch wird überschüssiger Wein kaum als Nahrungsmittelhilfe eingesetzt werden können.

[408] Vgl. BML (1998), S.2. Mit Abschaffung der Exportsubventionierung und dem damit verbundenen unbeschränktem Zugang zu Wachstumsmärkten kann auch die EU profitie-ren.

müssen dann als Nettoexporteure einen Teil der weltweiten Versorgung mit Agrarprodukten übernehmen.[409] Neben den Bevölkerungszuwächsen beeinflussen auch die wachsenden Einkommen die Nahrungsmittelsituation der Zukunft. So kommt es zu einem wachsenden Getreideverbrauch bei steigendem verfügbaren Einkommen, z.B. durch die rasch fortschreitende Industrialisierung Chinas, weil ein Teil des Getreides zur Erzeugung von Fleisch,[410] Eiern und Milch verwendet wird, wobei zur Erzeugung von tierischem Eiweiß mehr Getreide verwendet werden muss als beim direkten menschlichen Konsum. Hinzu kommt eine bei wachsendem Einkommen steigende Nachfrage nach Gemüse, Pflanzenöl und Zucker.[411]

Die Änderungen der Agenda 2000 näheren die EU-Interventionspreise an den Weltmarkt an, wodurch auch die Exporterstattungen gesenkt werden können. Die Agrarexporte der EU werden außerdem in geringerem Umfang durch GATT/WTO-Verpflichtungen limitiert.[412] Hierdurch werden aufgrund sinkender Preise die Störungen auf dem Weltagrarmarkt reduziert. Darüber hinaus sinken als Nebeneffekt die Futterkosten in der EU, v.a. für Schweine und Geflügel. Bei Fleisch und Eiern könnten so die bisherigen Exportsubventionen wegfallen, so die EU ohne Beschränkungen den Weltmarkt beliefern könnte.[413]

---

[409] Vgl. Schmitz (1998), S.278f. Dies ist durchaus möglich. Nucifora (2001, S.516-526) kommt zu dem Ergebnis, dass sich die landwirtschaftlich genutzte Fläche in neun EU-Mitgliedsländern um mindestens 15 % oder 14 Mio. ha bis zum Jahr 2020 verringern wird, während sich gleichzeitig die Getreideerträge verdoppeln. Darüber hinaus sind Bevölkerungswachstum und Zunahme des Getreideverbrauchs in Westeuropa gleich null oder werden in Zukunft sogar negativ sein, vgl. Brown (1995), S. 37, 55, 135. Der Überschuss könnte dann exportiert werden und bei einer Beibehaltung der bisherigen landwirtschaftlichen Flächennutzung noch weiter gesteigert werden.

[410] Trotz steigender Fleischproduktion muss der Getreideverbrauch nicht in gleichem Umfang steigen, da v.a. allem bei der Schafzucht und teilweise auch bei der Rinderzucht wegen der Viehhaltung auf Weiden kaum Getreide verwendet wird, vgl. Alexandratos (1995), S.97. Auch können Ölsaaten und Fischmehl statt Getreide zur Fütterung verwendet werden, vgl. Alexandratos (1995), S.99.

[411] Vgl. Brown (1995), S.45, 47f., 51f. und 62. Brown (1995) vergleicht China mit anderen, bereits industrialisierten asiatischen Ländern und errechnet dabei einen Importbedarf Chinas von ca. 207 Mio. t Getreide im Jahr 2030. Dies entspricht ungefähr dem gesamten Welthandelsvolumen in Getreide im Jahr 1997. Vgl. Brown (1995), S. 95-97.

[412] Vgl. Schmitz (1998), S.286.

[413] Vgl. Tangermann (1997), S.24.

Zwar verpflichten die WTO-Regeln die EU zum Abbau ihrer Agrarexporte, dies bezieht sich jedoch nur auf subventionierte Exporte. Zu Weltmarktpreisen kann sie weiterhin unbeschränkt exportieren und ist dazu auch bei vielen Agrarprodukten in der Lage. Langfristig ist also mit einem Abbau der Exportsubventionen zu rechnen,[414] auch wenn dies auf Widerstand, z.B. von COPA, stößt. Abschließend kann also festgehalten werden, dass eine für alle Entwicklungsländer vorteilhafte EU-Agrarpolitik nicht gefunden werden kann, weswegen hier einige Gruppen von Entwicklungsländern und die für sie jeweils vorteilhaften Ausprägung der EU-Agrarpolitik vorgestellt werden.

6.2.1 Die Agrarimporteure

Konsumenten in den Entwicklungsländern, die Agrarprodukte importieren, deren Weltmarktpreise durch die GAP niedrig gehalten werden, profitieren von diesen niedrigen Preisen, nicht jedoch die Produzenten dieser Produkte in den Importländern.[415] Zudem bieten die niedrigen Preise keinen Anreiz zur Produktionsausweitung.[416]

Neben dem weltweiten Bevölkerungszuwachs wird eine Steigerung des Anteils der urbanen Bevölkerung an der Gesamtbevölkerung der Entwicklungsländer von 31 auf 57% prognostiziert.[417] Die urbane Bevölkerung hat nicht die Möglichkeit zur Subsistenzwirtschaft und ist somit auf eine externe Versorgung angewiesen. Die Bevölkerung ländlicher Gebiete muss dann in steigendem Ausmaß Nahrungsmittel produzieren.[418] Wird jedoch dort v.a. für den Export produziert, kann dies die Ernährungssituation der städtischen Bevölkerung verschärfen.[419] Der Großteil der bis 2030 zu erwartenden Bevölkerungszuwächse wird in den Getreide importierenden Ländern Asiens

---

[414] Vgl. Tangermann (1997), S.20f.
[415] Vgl. Buckwell (1991), S.237.
[416] Vgl. Höhmann-Hempler (1997), S.23.
[417] Vgl. McCalla (1998), S.41.
[418] Vgl. Plumb (1998), S.9.
[419] Vgl. Kapitel 4.4.1.

und Afrikas stattfinden. Deren Importbedarf wird sich bis zum Jahr 2030 verdoppeln.[420]

Alexandratos/Bruinsma (1999) gehen von einer Steigerung des Nettoimportbedarfs der Entwicklungsländer von durchschnittlich 104 Mio. t in den Jahren 1994-96 auf 297 Mio. t Getreide im Jahr 2030 aus. Um diesen Bedarf zu decken, ist eine erhebliche Produktionssteigerung in anderen Gebieten der Erde notwendig. So müsste Westeuropa seinen Nettoexport von gegenwärtig ca. 16 Mio. t auf 60 bis 70 Mio. t in 2030 vervielfachen, damit dieser Nachfrageerhöhung begegnet werden kann.[421] Diese Entwicklung erscheint durchaus als möglich, da diese Steigerung unter den bisher erreichten Produktivitätszuwächsen der Landwirte in der EU liegt.[422] Diese starke Nachfrageausweitung wird auch zu ansteigenden Weltmarktpreisen führen, wenn sich nicht gleichzeitig auch das Angebot in ähnlichem Ausmaß erhöht. Die Versorgung der eigenen Bevölkerung mit importiertem Getreide wird also für die Entwicklungsländer teurer.[423] Ein starker Anstieg der Preise kann neben der Gefahr von Hungersnöten auch zu Inflation und Wechselkursschwankungen führen.[424]

Dennoch ist in der Vergangenheit die weltweite Agrarproduktion schneller gewachsen als die Bevölkerung, so dass sich die pro Kopf verfügbare Kalorienmenge erhöht hat. Zusätzlich könnte ein Teil derjenigen 30% der weltweiten Getreideernte, die bis jetzt als Viehfutter verwendet werden, als Reserve bei weiteren Bevölkerungszuwächsen dienen.[425] Regional besteht aber durchaus Mangel an Nahrungsmitteln, da in Sub-Sahara-Afrika und Südasien weniger als zwei Drittel der in den Westeuropa oder Nordamerika pro Kopf

---

[420] Vgl. Alexandratos/Bruinsma (1999), S. 189. Neben China befinden sich darunter so bevölkerungsreiche Staaten wie Iran, Bangladesh und Pakistan, vgl. Brown (1995), S.114f.

[421] Vgl. Alexandratos/Bruinsma (1999), S.188f.

[422] Vgl. Alexandratos/Bruinsma (1999), S.194, 200.

[423] Abzuwarten bleibt dabei, ob und in welchem Ausmaß ein stark ansteigender Weltmarktpreis für Getreide einen Anreiz zur Produktionsausweitung darstellt, da gleichzeitig durch Bebauung im Zuge von Besiedelung und Industrialisierung Ackerflächen vernichtet werden, wenn der neue Gebrauch der Flächen profitabler ist, vgl. Brown (1995), S.57-61, 64.

[424] Vgl. Brown (1995), S.133.

[425] Vgl. Alexandratos (1995), S.36, 69.

verfügbaren Kalorienmenge zugänglich sind.[426] Auch sinkt die absolute Höhe der Wachstumsrate der landwirtschaftlichen Produktion. Teilweise kann dies aber durch das sinkende Bevölkerungswachstum erklärt werden.[427] Eine weltweite Verbesserung der Nahrungsmittelversorgung kann darüber hinaus eine schnellere Reaktion auf mögliche Klimaveränderungen der Zukunft ermöglichen. Diese Reaktionsfähigkeit ist von entscheidender Bedeutung für die weltweite Ernährungssituation, da auch regional begrenzte klimatische Veränderungen Auswirkungen auf die weltweite Versorgung mit Nahrungsmitteln haben werden.[428]

Ein Hauptinteresse der Netto-Agrarimporteure ist auch in Zukunft die Sicherstellung ihrer Versorgung mit Grundnahrungsmitteln. Der Gebrauch von Exportsubventionen durch die EU und andere Industrieländer verhindert jedoch oft den Aufbau einer eigenen Agrarproduktion in den Entwicklungsländern, indem er eine wettbewerbsfähige Produktion erschwert oder verhindert.[429] Der Import von Nahrungsmitteln stellt für Entwicklungsländer nicht die produktivste Nutzung einer ihrer knappsten Ressourcen, nämlich Devisen, dar. Werden die Preise der importierten Nahrungsmittel etwa durch Exportsubventionen künstlich niedrig gehalten, unterbieten sie die einheimischen Nahrungsmittelproduzenten, so dass der Anreiz zur Produktion im Entwicklungsland abnimmt und die Eigenversorgung gefährdet werden kann.[430] Dies kann zu einer verstärkten Abhängigkeit von Nahrungsmittelimporten führen. Zusätzlich können eine Verlangsamung des Bevölkerungswachstums, ein behutsamer Umgang mit landwirtschaftlich nutzbaren Flächen im Rahmen der Industrialisierung und ein teilweiser Verzicht auf die Verwendung von Getreide als Viehfutter die Versorgungssituation in den Entwicklungsländern verbessern.[431]

---

[426]   Vgl. Alexandratos (1995), S.36f., 427-432.
[427]   Vgl. Alexandratos (1995), S.79.
[428]   Vgl. Alexandratos (1995), S.139.
[429]   Vgl. Josling (1998), S.13.
[430]   Vgl. UNDP (1997), S.105.
[431]   Vgl. Brown (1995), S.123f., 139. sowie Kap. 4.4.1.

6.2.2 Die Agrarexporteure

Die Interessen der großen Agrarexporteure in der Cairns Group sind eindeutig. Sie zielen auf eine Verbesserung der Situation ihrer an sich wettbewerbsfähigen Produkte ab, indem sie auf eine Abschaffung der Exportsubventionen, einen Abbau von Handelsschranken und eine Abschaffung von handelsverzerrenden Produktionsunterstützungen drängen.[432] Daneben gibt es einige Entwicklungsländer, die zwar Netto-Importeure von Nahrungsmitteln sind, gleichzeitig aber auch Agrarprodukte, z.B. cash crops, exportieren. Sie wären von einer möglichen Vereinbarung zum Abbau von exportfördernden Maßnahmen ebenfalls betroffen, da sie die von ihnen exportierten Produkte u.U. nicht im gewünschten Ausmaß fördern können. Gleichzeitig wären sie dann aber auch von ansteigenden Weltmarktpreisen für ihre Importprodukte betroffen.[433] Der Agrarpro-tektionismus der GAP schädigt also nicht alle Entwicklungsländer im gleichen Ausmaß. Einige Entwicklungsländer, die Agrarprodukte exportieren, profitierten in der Vergangenheit sogar von der GAP, da die durch die Interventionen der EU hervorgerufenen hohen innereuropäischen Preise die Produkte der Entwicklungsländer erst für den Import in die EU interessant machten, z.B. den Import von thailändischem Maniok oder brasilianischem Soja als Viehfutter.[434] Insgesamt aber erschweren die Exportsubventionen der EU und anderer Industrieländer den Export von Agrarprodukten aus Entwicklungsländern, da aufgrund des künstlich niedrig gehaltenen Weltmarktpreises deren Exporte nicht wettbewerbsfähig sind.[435]

Das Getreidedumping der EU in der Vergangenheit führte durch ein Absinken der Einnahmen der Getreideexporteure unter ihre Produktionskosten langfristig zu einer Erhöhung der Verschuldung von Ländern wie Argentinien oder Zimbabwe, da sie ihre Produzenten wegen fehlender Mittel nicht subventionieren konnten.[436] Strukturanpassungsprogramme von Weltbank oder IWF zwangen diese Länder zu einer verstärkten Exportorientierung.[437] Eine

---

[432] Vgl. Cairns Group (1999).
[433] Vgl. Michalopoulos (2001), S.97.
[434] Vgl. Buckwell (1991), S. 237 und Kapitel 4.4.1.
[435] Vgl. Josling (1998), S.13.
[436] Vgl. Höhmann-Hempler (1997), S.22f
[437] Vgl. Höhmann-Hempler (1997), S.23.

verstärkte Export-orientierung kann zu einer Verschlechterung der Armutssituation eines Entwicklungslandes führen, falls die Politik im Entwicklungsland sie, z.B. durch eine implizite Besteuerung der Landwirtschaft, behindert. Ein Abbau dieser Behinderungen erhöht jedoch das gesamtwirtschaftliche Potential zur Armutsbekämpfung.[438] Ein Auslaufen des Getreidedumpings der EU käme mittels höherer Weltmarktpreise und daraus resultierenden höheren Erlösen den Produzenten in den Exportländern zu Gute.[439] Die Armutssituation in diesen Ländern könnte so verbessert werden. Eine Reform der GAP hätte auch für die Länder Lateinamerikas klar positive Auswirkungen.[440] So würde eine Beseitigung der Exportsubventionen z.B. Ländern auf der Südhalbkugel der Erde nutzen, da dort Rinder ganzjährig auf der Weide gehalten werden können,[441] und sich so bei der Produktion von Milch und Fleisch komparative Kostenvorteile ergeben.

6.2.3 Die least developed countries/ die low income food deficient countries

Durch die unterschiedliche Höhe der Abgaben für Getreide kann die EU die Preise auf dem EU-Binnenmarkt stabilisieren. Dabei nimmt sie aber eine höhere Preisvolatilität in anderen Regionen der Erde in Kauf. Diese Volatilität schadet besonders den Bauern in den Entwicklungsländern, da sie so dazu veranlasst werden, andere Produkte als unter Freihandelsbedingungen anzubauen. Da die Preise schwieriger zu prognostizieren sind, müssen in den Entwicklungsländern u.U. höhere Devisenbestände zum Nahrungsmittelkauf gehalten werden oder aber Lagerbestände aufgebaut werden, so dass sich die Transaktionskosten erhöhen.[442] Hinzu kommt eine Volatilität der einheimischen Produktion in den LDC/LIFDC, so dass eine effektive Planung kaum möglich oder sehr teuer ist.

---

[438] Vgl. Gotsch/Herrmann/Peter (1995), S.47.
[439] Vgl. Bale/Koester (1984), S.26f.
[440] Vgl. Grilli (1994), S.351.
[441] Vgl. BML (1998), S.10. Eine Beseitigung der Exportsubventionen müsste von einer Beseitigung der Interventionspreise begleitet werden, da sonst die bisher mit Hilfe von Subventionen exportierten Produkte durch Marktintervention aufgekauft würden und so Überschüsse entstehen lassen. Vgl. BML (1998), S.13.
[442] Vgl. Bale/Koester (1984), S.34.

Reichere nahrungsmittelimportierende Länder wie China oder die Staaten der ehemaligen UdSSR sind in der Lage, höhere Preise zu zahlen als die LDC/LIFDC und können diese so aus dem Markt drängen. Ein weiterer Abbau der Marktinterventionen der EU reduziert die Volatilität auf dem Weltmärkten für Nahrungsmittel.[443]

Aber auch in den LDC/LIFDC spielen Nahrungsmittelpreise eine entscheidende Rolle. Sie stellen -wenn hoch genug- Anreize zur Produktion dar, beeinflussen aber die Realeinkommen und damit den Zugang zu Lebensmitteln. In einigen Entwicklungsländern hielten Regierungen die Preise für Nahrungsmittel niedrig, um Unruhen innerhalb der städtischen Bevölkerung zu vermeiden, boten damit gleichzeitig aber keinen Anreiz für die ländliche Bevölkerung, ihre Produktion auszuweiten. Auch in den LDCs ist somit eine Politikänderung nötig.[444]

6.2.3 Pareto-optimale Situation

Neben den oben beschriebenen positiven Auswirkungen für Entwicklungsländer hat eine durch den Abbau tarifärer und nicht-tarifärer Handelshemmnisse vorangetriebene Integration der EU-Landwirtschaft in die Weltwirtschaft auch Vorteile für die EU selber. Sie könnte nun Wohlfahrtsgewinne durch die Ausnutzung von Spezialisierungsvorteilen und steigender Realeinkommen der Bevölkerung wegen sinkender Nahrungsmittelpreise erzielen, denen aber mögliche Einkommenseinbußen im Agrarsektor gegenüberstehen. Die öffentlichen Haushalte würden durch sinkende Kosten und verringerten Verwaltungsaufwand entlastet.[445] Die Konsumentenrente in der EU wird durch die fallenden Preise für Agrargüter um neun Billionen € für die Jahre 2005/06 steigen. Eine dauerhafte Senkung des EU-Verbraucherpreisindexes um 0,33 % bis zum Jahr 2010 wird ebenfalls prognostiziert. Durch den nun erhöhten Konsum kommt es langfristig zu einem um 0,25 % erhöhten BIP-Wachstum und damit auch zu einer erhöhten Beschäftigung.[446] Die Europäische Kommission

---

[443] Vgl. Hubbard/Lingard (1991), S.252. Hubbard/Lingard (1991, S.255) sehen einen direkten trade-off zwischen Preisstabilität innerhalb der EU und Nahrung-smittelsicherheit in den LDCs.

[444] Vgl. Hubbard/Lingard (1991), S.255.

[445] Vgl. BML (1998), S.4.

[446] Vgl. Europäische Kommission (2000), S.12f.

(2002) sieht eine Notwendigkeit zur Erbringung von Gegenleistungen zur Rechtfertigung von öffentlichen Ausgaben für die GAP, z.B. Lebensmittelqualität, Umwelt- oder Tierschutz etc. Sie lehnt auch eine GAP ab, die Anreize zur Produktion von Überschüssen liefert, deren Absatz erneute Kosten verursacht. Eine nachhaltige Landwirtschaft ist nicht mit diesen Anreizen vereinbar, die mitunter auch nicht den Bedürfnissen der EU-Bürger entsprechen.[447]

Eine Entkoppelung von Zahlungen an Landwirte von der Produktionsmenge erleichtert die Aufnahme neuer Staaten in die EU und ist auch WTO-konform, so dass sich die EU in weiteren WTO-Verhandlungen eine bessere Ausgangsposition verschaffen kann.[448] Auch kann eine Kohärenz der strategischen Ziele der EU nach Art. 178 EG-Vertrag so besser gefördert werden, da besonders eine Reduzierung der handelsverzerrenden Stützung innerhalb der EU eine Verbesserung der Marktchancen der Entwicklungsländer ermöglicht.[449]

Diesen Vorteilen stehen nur wenige Risiken gegenüber, z.B. erhöhte Preisschwankungen innerhalb der EU und eine mögliche beschleunigte Freisetzung von landwirtschaftlichen Arbeitskräften, die regionale Arbeitsmärkte belasten könnte.[450] Die Realeinkommen der Landwirte sinken durch die Reformen der Agenda 2000 leicht. Dies wird jedoch teilweise durch die Abwanderung der Beschäftigten in andere Sektoren aufgefangen, so dass sich das landwirtschaftliche Pro-Kopf-Einkommen kaum ändert.[451] Aber auch die Landwirte profitieren von einer Liberalisierung durch sinkende Futter- und Saatkosten.[452] Der entscheidende Vorteil einer Liberalisierung der EU-Landwirtschaft ist die Möglichkeit, dass durch den Wegfall der Exportsubventionen und der Importzölle für landwirtschaftliche Produkte auch im Agrarsektor Wettbewerb Einzug halten könnte.[453] Unternehmen in anderen Sektoren als der Landwirtschaft könnten ebenfalls vom Agrarfreihandel profitieren, da Länder,

---

[447] Vgl. Europäische Kommission (2002a), S.11-13.
[448] Vgl. Europäische Kommission (2002a), S.21.
[449] Vgl. Europäische Kommission (2002a), S.32.
[450] Vgl. BML (1998), S.4.
[451] Vgl. Europäische Kommission (2000), S.21f.
[452] Vgl. Europäische Kommission (2000), S.87.
[453] Vgl. BML (1998), S.5.

die Agrarprodukte exportieren, ihre Erlöse für den Kauf von Produkten anderer Sektoren verwenden können.[454]

---

[454] Vgl. Stoeckel (2000), S.20.

7. Schluss

Die GAP beeinflusst die Entwicklungsländer dreifach. Sie versagt ihnen die Möglichkeit, Agrarprodukte in die EU zu importieren und fördert gleichzeitig den Export aus der EU mit NTBs und Subventionen zu Preisen, die weit unter den Weltmarktpreisen liegen und drängt so die Entwicklungsländer aus dem Markt. Der Import einiger ausgewählter Agrarprodukte durch die EU v.a. als Tierfutter erschwert die Selbstversorgung der Entwicklungsländer mit Nahrungs-mitteln.

Die in dieser Arbeit vorgestellten Beispiele für die Beziehungen zwischen EU und Entwicklungsländern machen dies deutlich. Sie zeigen den bisherigen Verlauf der Produktion in der EU, der doppelte Auswirkungen auf Entwicklungs-länder hat. Mit Hilfe importierter Vorprodukte, hier brasilianischen Sojas, produziert die EU mehr als sie verbrauchen kann, so dass sie neue Absatz-möglichkeiten im Ausland suchen muss, sei es durch aggressive Eroberung neuer Märkte mittels Exportsubventionen, sei es durch Entwicklungshilfe (Operation Flood) , die auch als extreme Form der Subvention gesehen werden kann.

Agrarkommissar Fischler benutzt die Worte: „Die einzige Konstante in der GAP ist ... der Wandel"[455] und erkennt an, dass eine Beibehaltung der Überschusspro-duktion auch für Europa negative Folgen haben kann. Er befürwortet aber auch eine Ausweitung der Agrarexporte der EU.[456] So ist auch in nächster Zeit von weiteren Reformen der GAP auszugehen, die sie näher an die Weltagrarmärkte bringen werden. Wenn dadurch die Verzerrungen auf den Agrarmärkten besei-tigt werden, ist gegen diese Reformen nichts einzuwenden. Dennoch ist anzu-merken, dass bisherige Reformen nur durch äußere Zwänge, z.B. WTO-Verhandlungen oder die EU-Osterweiterungen zustande gekommen sind, da an-dere Reformen zumeist auf Widerstand der mächtigen Agrarlobbies stießen. Wenn nicht mehr - wie bisher- bei der Entscheidungsfindung auf dem Agrarmarkt die Erzeuger- vor den Verbraucherinteressen liegen,[457] können neben den Entwicklungsländern auch die EU-Verbraucher von einer geänderten

---

[455] Fischler (2001), S.xv.
[456] Vgl. Fischler (2001), S.xvf., xix.
[457] Vgl. Tangermann (1997), S.7.

GAP profitieren. Wegen der Heterogenität der Entwicklungsländer kann zudem keine EU-Agrarpolitik gefunden werden, die für alle Entwicklungsländer in gleicher Weise positive Auswirkungen hat. Gleichwohl können langfristig sowohl EU als auch Entwicklungsländer von einer Beseitigung des Agrarprotektionismus profitieren.

Anhang

Anhang I - EG-Vertrag

Artikel 33 (ex-Artikel 39) [Gemeinsame Agrarpolitik]
(1)   Ziel der Gemeinsamen Agrarpolitik ist es:
a)   die Produktivität der Landwirtschaft durch Förderung des technischen Fortschritts, Rationalisierung der landwirtschaftlichen Erzeugung und den bestmöglichen Einsatz der Produktionsfaktoren, insbesondere der Arbeitskräfte, zu steigern;
b)   auf diese Weise der landwirtschaftlichen Bevölkerung, insbesondere durch Erhöhung der Pro-Kopf-Einkommens der in der Landwirtschaft tätigen Personen, eine angemessene Lebenshaltung zu gewährleisten;
c)   die Märkte zu stabilisieren;
d)   die Versorgung sicherzustellen;
e)   für die Belieferung der Verbraucher zu angemessenen Preisen Sorge zu tragen
(2)   Bei der Gestaltung der gemeinsamen Agrarpolitik und der hierfür anzuwendenden besonderen Methoden ist folgendes zu berücksichtigen:
a)   die besondere Eigenart der landwirtschaftlichen Tätigkeit, die sich aus dem sozialen Aufbau der Landwirtschaft und den strukturellen und naturbedingten Unterschieden der verschiedenen landwirtschaftlichen Gebiete ergibt;
b)   die Notwendigkeit, die geeigneten Anpassungen stufenweise durchzuführen;
c)   die Tatsache, dass die Landwirtschaft in den Mitgliedsländern einen mit der gesamten Volkswirtschaft eng verflochtenen Wirtschaftsbereich darstellt.

Artikel 131 (ex-Artikel 110) [Ziele]
Durch die Schaffung einer Zollunion beabsichtigen die Mitgliedsstaaten, im gemeinsamen Interesse zur harmonischen Entwicklung des Welthandels, zur schrittweisen Beseitigung der Beschränkungen im internationalen Handelsverkehr und zum Abbau der Zollschranken beizutragen. Bei der gemeinsamen Handelspolitik werden die günstigen Auswirkungen berücksichtigt, welche die Abschaffung der Zölle zwischen den Mitgliedsstaaten auf die Steigerung der Wettbewerbsfähigkeit der Unternehmen dieser Staaten haben kann.

Artikel 177 (ex-Artikel 130 u) [Ziele]
(1)   Die   Politik   der   Gemeinschaft   auf   dem   Gebiet   der Entwicklungszusammenarbeit, die eine Ergänzung der entsprechenden Politik der Mitliedsstaaten darstellt, fördert:

- die nachhaltige wirtschaftliche und soziale Entwicklung der Entwicklungsländer, insbesondere der am meisten benachteiligten Entwicklungsländer;
- die harmonische, schrittweise Eingliederung der Entwicklungsländer in die Weltwirtschaft;
- die Bekämpfung der Armut in den Entwicklungsländern

(2) Die Politik der Gemeinschaft in diesem Bereich trägt dazu bei, das allgemeine Ziel einer Fortentwicklung und Festigung der Demokratie und des Rechtsstaats sowie das Ziel der Währung der Menschenrechte und Grundfreiheiten zu verfolgen.

(3) Die Gemeinschaft und die Mitgliedsstaaten kommen den im Rahmen der Vereinten Nationen und anderer zuständiger internationaler Organisationen gegebenen Zusagen nach und berücksichtigen die in diesem Rahmen gebilligten Zielsetzungen.

Artikel 178 (ex-Artikel 130 v) [Berücksichtigung der Entwicklungspolitik]
Die Gemeinschaft berücksichtigt die Ziele der Artikels 177 bei den von ihr verfolgten Politiken, welche die Entwicklungsländer berühren können.

Artikel 182 (ex-Artikel 131) [Assoziierung, Ziel]
Die Mitgliedsstaaten kommen überein, die außereuropäischen Länder und Hoheitsgebiete, die mit Dänemark, Frankreich, den Niederlanden und dem Vereinigten Königreich besondere Beziehungen unterhalten, der Gemeinschaft zu assoziieren. Diese Länder und Hoheitsgebiete, im folgenden als „Länder und Hoheitsgebiete" bezeichnet, sind in Anhang II zu diesem Vertrag aufgeführt. Ziel der Assoziierung ist die Förderung der wirtschaftlichen und sozialen Entwicklung der Länder und Hoheitsgebiete und die Herstellung enger Wirtschaftsbeziehungen zwischen ihnen und der gesamten Gemeinschaft. Entsprechend den in der Präambel dieses Vertrages aufgestellten Grundsätzen soll die Assoziierung in erster Linie den Interessen der Einwohner dieser Länder und Hoheitsgebiete dienen und ihren Wohlstand fördern, um sie der von ihnen erstrebten wirtschaftlichen, sozialen und kulturellen Entwicklung entgegenzuführen.

Quelle: Nomos (2001), S.21, 69f., 90-92

Anhang II - Außereuropäische Länder und Hoheitsgebiete der EU

Anguilla

Aruba

Bermuda

Britisches Antarktis-Territorium

Britische Jungferninseln

Britische Besitzungen im Indischen Ozean

Falklandinseln

Französische Süd- und Antarktisgebiete

Französisch-Polynesien

Grönland

Kaimanninseln

Mayotte

Montserrat

Niederländische Antillen:

- Bonaire
- Curaçao
- Saba
- Sint Eustatius
- Sint Maarten

Neukaledonien und Nebengebiete

Pitcarin

St. Helena

St. Pierre und Miquelon

Südgeorgien und südliche Sandwichinseln

Turks- und Caicosinseln

Wallis und Futuna

Quelle: Anhang II EG-Vetrag, zitiert nach: Nomos (2001), S. 143

Anhang III – Einteilung der Entwicklungsländer in Kategorien

	AKP	LDC	LLDC	SIDS
Afghanistan		x	x	
Amerikanische Jungferninseln				x
Anguilla				x
Antigua und Barbuda	x			x
Angola	x	x		
Äquatorialguinea	x	x		
Armenien			x	
Aruba				x
Aserbaidschan			x	
Äthiopien	x	x	x	
Bahamas	x			x
Bangladesh		x		
Barbados	x			x
Belize	x			
Benin	x	x		
Bermudas				x
Bhutan		x	x	
Bolivien			x	
Botswana	x		x	
Britische Jungferninseln				x
Burkina Faso	x	x	x	
Burundi	x	x	x	
Cookinseln				x
Côte d`Ivoire	x			
Dominica	x			x
Dominikanische Republik	x			x
Dschibuti	x	x		
Eritrea	x	x		
Fidschi	x			x
Gabun	x			
Gambia	x			
Ghana	x			

Grenada	x			x
Guam				x
Guinea	x	x		
Guinea Bissau	x	x		
Guyana	x			
Haiti	x	x		x
Jamaika	x			x
Jemen		x		
Kaimaninseln				x
Kambodscha		x		
Kamerun	x			
Kap Verde	x	x		x
Kasachstan			x	
Kenia	x			
Kirgisien			x	
Kiribati	x	x		x
Komoren	x	x		x
Demokratische Republik Kongo	x	x		
Republik Kongo	x			
Demokratische Volksrepublik Laos		x	x	
Lesotho	x	x	x	
Liberia	x	x		
Madagaskar	x	x	x	
Malawi	x	x		
Malediven	x	x	x	
Mali		x		x
Marshallinseln	x			x
Mauretanien	x	x		
Mauritius	x			x
Mazedonien			x	
Föderierte Staaten von Mikronesien	x			x
Mongolei			x	
Montserrat				x
Mosambik	x	x		
Myanmar		x		

Namibia	x			
Nauru	x			x
Nepal		x	x	
Niederländische Antillen				x
Niger	x	x	x	
Nigeria	x			
Niue	x			x
Nörliche Marianen				x
Palau	x			x
Papua-Neuguinea	x			x
Paraguay			x	
Ruanda	x	x	x	
Salomonen	x	x		x
Sambia	x	x	x	
Samoa	x	x		x
Sao Tomé und Príncipe	x	x		x
Senegal	x	x		
Seychellen	x			x
Sierra Leone	x	x		
Simbabwe	x		x	
St. Kitts und Nevis	x			x
St. Lucia	x			x
St. Vincent und die Grenadinen	x			x
Somalia	x	x		
Sudan	x	x		
Südafrika	x			
Suriname	x			
Swasiland	x		x	
Tansania	x	x		
Tonga	x			x
Togo	x	x		
Tokelau				x
Trinidad und Tobago	x			x
Tadschikistan			x	
Tschad	x	x	x	

Turkmenistan			x	
Turks- und Caicosinseln				x
Tuvalu	x	x		x
Uganda	x	x	x	
Usbekistan			x	
Vanuatu	x	x		x
Zentralafrikanische Republik	x	x	x	

Quellen: EU (2003b), UNCTAD (2000a), UNCTAD (2000b), UNCTAD (2001)

Literaturverzeichnis

ALEXANDRATOS, Nikos (1995): World Agriculture Towards 2010-An FAO Study, Chichester et al. 1995

ALEXANDRATOS, Nikos/BRUINSMA, Jelle (1999): Europe's Cereal Sector and World Trade Requirements to 2030 in: Agriculture and World Trade Liberalisation - Socio-environmental Perspectives on the Common Agricultural Policy, hrsg. v. Joseph LEKAKIS, Michael REDCLIFT und George ZANIAS, Oxon 1999, S.177-202

ANDERSON, Jock/Crosson, Pierre (1992): Resources and Global Food Prospects-Supply and Demand for Cereals to 2030, World Bank Technical Paper No. 184, Washington D.C. 1992

ATKINSON, Ben (2000): Trade Policy and Preferences in: The European Union and Developing Countries-The Challenges of Globalization, hrsg. v. Carol COSGROVE-SACKS und Gioia SCAPPUCCI, Nachdruck der 1. Auflage, Basingstoke, New York 2000, S.305-321

BALE, Malcolm/KOESTER, Ulrich (1984): The Common Agricultural Policy of the European Community – A Blessing or a Curse for Developing Countries, World Bank Staff Working Papers No.630, Washington D.C. 1984

BARRASS, Robert/MADHAVAN, Shobhana (1996): European Economic Integration and Sustainable Development: Institutions, Issues and Policies, London et al. 1996

BASLER, Alois (1999): Handelspolitische Flankierung der Umweltpolitik - mit besonderem Bezug zum Agrarhandel zwischen Industrie- und Entwicklungsländern, Braunschweig 1999

BAUERNBLATT (1986): Bauernblatt Nr. 45, in: SCHUMANN, Harald (1986): Futtermittel und Welthunger - Agrargroßmacht Europa-Mastkuh der Dritten Welt, Reinbeck bei Hamburg 1986, S. 71-72

BEGANDER, Elke (1989)/SEITZ, Klaus: Zwischen Hunger und Überschüssen – Agrarpolitik und Entwicklungspolitik im Widerspruch, Tübingen 1989

BIELEFSKY, Dan/GROW, Brian/MILLER, Scott (2002): EU Cements Plan to Expand Into Biggest Trading Bloc, WSJE, 10.10.2002, S. A1, A2

BML (1996): WISSENSCHAFTLICHER BEIRAT BEIM BUNDESMINIS-TERIUM FÜR ERNÄHRUNG, LANDWIRTSCHAFT UND FORSTEN: Zur Weiterentwicklung der EU-Agrarreform-Entkoppelung der Preisausgleichszahlungen und Umsetzung der GATT-Beschlüsse, Schriftenreihe des Bundesministeriums für Ernährung, Landwirtschaft und Forsten Heft 459, Bonn 1997

BML (1998): WISSENSCHAFTLICHER BEIRAT BEIM BUNDESMINIS-TERIUM FÜR ERNÄHRUNG, LANDWIRTSCHAFT UND FORSTEN: Integration der Landwirtschaft der Europäischen Union in die Weltagrar-wirtschaft, Schriftenreihe des Bundesministeriums für Ernährung, Landwirtschaft und Forsten, Heft 476 Bonn 1998.

BORN, Helmut (1999): Widersprüche aus Sicht des Deutschen Bauernverbandes in: Agenda 2000-Herausforderungen an die Europäische Union und an Deutschland, hrsg. v. Peter WITTSCHOREK, Baden-Baden 1999, S. 59-69

BRAND EINS (2002). O.V.: Die teuersten Kühe der Welt, brand eins, Heft 10/2002, 4. Jg., S.96.

BRANDT, Hartmut (1995): Auswirkungen von Exporterstattungen der Europäischen Union auf die Rindfleischsektoren westafrikanischer Länder,

Deutsches Institut für Entwicklungspolitik: Bericht und Gutachten, 1995/1, Berlin 1995

BROWN, Lester (1995): Who Will Feed China ?-Wake-up Call for a Small Planet, London 1995.

BUCKWELL, Allan (1991): The CAP and World Trade, in: The Common Agricultural Policy and the World Economy-Essays in Honour of John Ashton, hrsg. v. David HARVEY und Christopher RITSON, Wallingford 1991, S. 223-240

CATHIE, John (1997): European Food Aid Policy, Aldershot u.a. 1997

DAVENPORT, Michael/HEWITT, Adrian/KONING, Antonique (1995): Europe's Preferred Partners? The Lomé Countries in World Trade, London 1995.

DEARDEN, Stephen (1999): The European Union and the Third World, in: European Economic Integration, hrsg. v. Stephen DEARDEN und Frank MCDONALD, 3. Auflage, Harlow 1999, S. 332 – 356

DEARDEN, Stephen/SALAMA, Clara Mira (2001): The Cotonou Agreement, European Development Policy Study Group Discussion Paper No. 20, February 2001, abgerufen unter http://www.edpsg.org/dp20.htm am 20.01.03.

DHAR, Biswajit/KWA, Aileen (2000): Die Agrarverhandlungen der Welthandelsorganisation (WTO): Die „nicht-handelsbezogenen Anliegen" und die Entwicklungsländer, in: epd-Entwicklungs-politik: Materialien, Heft II/2000, Frankfurt/Main 2000

DUCHÊNE, François/LEGG, Wilfrid/SZCZEPANIK, Edward (1985): New Limits on European Agriculture-Politics and the Common Agricultural Policy, Totowa 1985

EORG (2002): THE EUROPEAN OPINION RESEARCH GROUP: Europeans and the Common Agricultural Policy 2001-2002, hrsg. v. The Agriculture Directorate-General, Brüssel 2002

EUROPÄISCHE GEMEINSCHAFTEN (2002): EG-Präferenzzölle gegenüber Entwicklungsländern: praktische Hinweise für Importe aus Entwicklungsländern - 1.1.2002 bis 31.12.2004, Köln 2002

EUROPÄISCHE KOMMISSION (1997): O.V.: Towards a Common Agricultural and Rural Policy for Europe, hrsg. v. der EUROPÄISCHEN KOMMISSION, Luxemburg 1997

EUROPÄISCHE KOMMISSION (2000): EUROPEAN COMMISSION-DIRECTORATE GENERAL FOR AGRICULTURE: Agenda 2000 CAP Reform Decisions-Impact Analyses, Brüssel 2000

EUROPÄISCHE KOMMISSON (2002a): Mitteilung der Kommission an den Rat und das Europäische Parlament: Halbzeitbewertung der Gemeinsamen Agrarpolitik, Brüssel 2002

EUROPÄISCHE KOMMISSION (2002b): Die Lage der Landwirtschaft in der Europäischen Union-Bericht 2000, Luxemburg 2002

EUROSTAT (2002): Jahrbuch 2002, Luxemburg 2002

FAL (2001): BUNDESFORSCHUNGSSTELLE FÜR LANDWIRT-SCHAFT: Stellungnahme zum Fragenkatalog, in: DEUTSCHER BUNDESTAG (2001): Auswirkungen der EU-Osterweiterung auf die Gemeinsame Agrarpolitik und die Regionen – Öffentliche Anhörung des Ausschusses für die Angelegenheiten der Europäischen Union und des Ausschusse für Ernährung, Landwirtschaft und Forsten am 17.Januar 2001, Berlin 2001, S. 178-219

FARKAS, Peter (1999): The EU's Weakening Economic and Contractual Ties with the ACP Countries and North Africa, Budapest 1999

FEARNE, Andrew (1991a): The History and Development of the CAP 1945-1985, in: The Common Agricultural Policy and the World Economy-Essays in Honour of John Ashton, hrsg. v. David HARVEY und Christopher RITSON, Wallingford 1991, S. 21-70

FEARNE, Andrew (1991b): The CAP Decision-Making Process in: The Common Agricultural Policy and the World Economy-Essays in Honour of John Ashton, hrsg. v. David HARVEY und Christopher RITSON, Wallingford 1991, S. 101-116

FEHL, Ulrich (1993): Public Choice, in: Vahlens Großes Wirtschaftslexikon, hrsg. v. Erwin DICHTL und Ottmar ISSING, Bd.2, 2. überarbeitete und erweiterte Auflage, München 1993, S.1756-1757

FENNELL, Rosemary (1997): The Common Agricultural Policy-Continuity and Change, Oxford et al. 1997

FERDOWSI, Mir (1999): Die europäische Entwicklungspolitik: Eine retrospektive Betrachtung, in: Vom Enthusiasmus zur Ernüchterung? - Die Entwicklungspolitik der Europäischen Union, hrsg. v. Mir FERDOWSI, München 1999, S.3-22

FISCHLER, Franz (2001): Introduction, in: Margaret LOSEBY/ Antonio PICCININI: Agricultural Policies in Europe and the USA- Farmers between Subsidies and the Market, Basingstoke, New York 2001, S.xv-xxiii

FOLMER, C. et al. (1995): The Common Agricultural Policy beyond the MacSharry Reform, Amsterdam et al. 1995

GABBERT, Silke (2000): Ernährungssicherung durch Nahrungsmittelhilfe? - Eine Analyse der Vergabeeffektivität ausgewählter Geber, Diss., Bergen/Dumme 2000

GIBBONS, John (1999): The Common Agricultural and Fisheries Policies, in: European Economic Integration, hrsg. v. Stephen DEARDEN und Frank MCDONALD, 3. Auflage, Harlow 1999, S. 281 – 313

GOLDIN, Ian/VAN DER MENSBRUGGHE, Dominique (1995): The Uruguay Round: An Assessment of Economywide and Agricultural Reforms, in: The Uruguay Round and the Developing Countries, World Bank Discussion Papers No. 307, hrsg. v. Will MARTIN und Alan WINTERS, Washington DC 1995, S.25-52

GOTSCH, Nikolaus/HERRMANN, Roland/PETER, Günter (1995): Wie beeinflusst eine Spezialisierung der Entwicklungsländer auf Agrarexporte die Armutssituation?, Agrarökonomische Diskussionsbeiträge Nr. 30, Gießen 1995

GREENIDGE, Carl (1998): The African, Caribbean and Pacific Group of States´ Experience of Partnership with the European Union in: European Union Development Policy, hrsg. v. Marjorie LISTER, Basingstoke, New York, 1998, S. 39-63

GRILLI, Enzo (1994): The European Community and the Developing Countries, Cambridge, Melbourne, New York, 1994

HAMBURGER, Friedrich (1998): An Overview of EU Development Policy in: European Union Development Policy, hrsg. v. Marjorie LISTER, Basingstoke, New York, 1998, S. 12-16

HANSEN, Jørgen Drud/OLESEN, Finn (2001): Monetary Integration: Old Issues-New Solutions, in: European Integration-An Economic Perspective, hrsg. v. Jørgen Drud Hansen, Oxford et al. 2001, S. 163- 192

HARROP, Jeffrey (2000): The Political Economy of Integration in the European Union, 3.Auflage, Cheltenham, Northampton 2000

HARTMANN, Martin (1994): Der moderne Kannibalismus-Futtermittelimporte und regionale Agrarstruktur, Entwicklungsperspektiven 54: Deutschland und die Ökologie der Welt, Bad Honnef 1994.

HATHAWAY, Dale/INGCO, Merlinda (1995): Agricultural Liberalization and the Uruguay Round in: The Uruguay Round and the Developing Countries, World Bank Discussion Papers No. 307, hrsg. v. Will MARTIN und Alan WINTERS, Washington DC 1995, S.1-24

HEMMER, Hans-Rimbert/TEIPEL, Hans-Joachim (1993): Entwicklungsland, in: Vahlens großes Wirtschaftslexikon, Bd.1, 2. überarbeitete und erweiterte Auflage, hrsg. von Erwin DICHTL und Ottmar ISSING, München 1993, S. 571-572

HERRMANN, Roland (1998): Nichttarifäre Handelshemmnisse in der EU-Agrarhandelspolitik: Befund, Analyse, Bewertung, in: Landwirtschaft in der Weltwirtschaft-Festschrift anlässlich des 60. Geburtstages von Prof. Dr. Ulrich Koester, hrsg. v. Roland HERRMANN, Dieter KIRSCHKE, P. Michael SCHMITZ, Holm 1998, S.159-185

HIRSCHMAN, Albert (1970): Exit, Voice, and Loyalty, Cambridge, London 1970

HÖHMANN-HEMPLER, Gesine (1997): Getreidepoker - Die Rolle der Europäischen Union auf dem Weltgetreidemarkt und deren Auswirkung auf die Ernährungssicherheit in Entwicklungsländern, Hamburg 1997

HUBBARD, Lionel/LINGARD, John (1991): The CAP and its Effects on Developing Countries, in: The Common Agricultural Policy and the World Economy-Essays in Honour of John Ashton, hrsg. v. David HARVEY und Christopher RITSON, Wallingford 1991, S. 241-257.

JOSLING, Timothy (1998): The WTO, Agenda 2000 and the Next Steps in Agricultural Policy Reform, Agrarökonomische Diskussionsbeiträge 47, Gießen 1998.

KAPPEL, Robert (1999a): Die entwicklungspolitischen Fehlleistungen des Kooperationsmodells von Lomé, in: Journal für Entwicklungspolitik, 15. Jg., Heft 3/99, S. 247 – 256

KAPPEL, Robert (1999b): Die Entwicklungskooperation zwischen Europa und den AKP-Staaten – Eine Bewertung der entwicklungspolitischen Folgen des Lomé-Modells, in: Vom Enthusiasmus zur Ernüchterung? - Die Entwicklungspolitik der Europäischen Union, hrsg. v. Mir FERDOWSI, München 1999, S.23-47

KAY, Adrian (1998): The Reform of the Common Agricultural Policy – The Case of the MacSharry Reforms, New York, Oxon 1998.

KLOSE, Birgit/SCHMELZ, Barbara (1987): Der Fleischmythos-Über den Einfluß der Nahrungsmittelproduktion auf die Ernährungsgewohnheiten in der BRD, Arbeitsberichte des Fachbereichs Stadtplanung, Landschaftsplanung 72, Kassel 1987

KOESTER, Ulrich (1992): Grundzüge der landwirtschaftlichen Marktlehre, 2. völlig überarbeitete und wesentlich erweiterte Auflage, München 1992.

KOESTER, Ulrich (1993): Agrarpolitik, in: in: Vahlens Großes Wirtschaftslexikon, hrsg. v. Erwin DICHTL und Ottmar ISSING, Bd.1, 2. überarbeitete und erweiterte Auflage, München 1993, S.37-38

KOESTER, Ulrich (2000): Reform der EU-Agrarpolitik - Agenda 2000 auf dem Prüfstand, in: Wirtschaftswissenschaftliches Studium, 29. Jg., 4/2000, S.194-200

KOESTER, Ulrich (2001): Europäische Agrarpolitik: Ein Spannungsfeld divergierender Interessen, in: Kompendium Europäische Wirtschaftspolitik, hrsg. v. Renate OHR und Theresia THEURL, München 2001, S.308-362

KOESTER, Ulrich (2002): Diagnose: Hoffnungslos, in: Experiment Europa-Ein Kontinent macht Geschichte, Spiegel Special 1/2002, S. 137-141

KOESTER, Ulrich/Tangermann, Stefan (1987): Agricultural Protectionism in the European Community, Diskussionsbeiträge des Instituts für Agrarpolitik und Marktlehre Nr. 60, Kiel 1987

KOESTER, Ulrich/Tangermann, Stefan (1990): The European Community, in: Agricultural Protectionism in the Industrialized World, hrsg. v. Fred SANDERSON, Washington, D.C. 1990, S. 64-111

KUZNETSOV, Andrei (1999): The EU and Central and Eastern Europe in: European Economic Integration, hrsg. v. Stephen DEARDEN und Frank MCDONALD, 3. Auflage, Harlow 1999, S. 314-331.

LANG, Franz Peter (1993): Nicht-tarifäre Handelshemmnisse, in: Vahlens Großes Wirtschaftslexikon, hrsg. v. Erwin DICHTL und Ottmar ISSING, Bd.2, 2. überarbeitete und erweiterte Auflage, München 1993, S.1530-1531.

LAURENS, Jean-Louis (1976): L'aide alimentaire de la Communauté Economique Européenne aux pays en voie de développement, Diss., Grenoble 1976

LAWS, Carmen (2001): Entscheidungsprozesse in der Europäischen Union – Eine institutionenökonomische Analyse am Beispiel der Agenda 2000, Diss., Regensburg 2001

LENSCHOW, Andrea (1998): The World Trade Dimension of Greening the Common Agricultural Policy, in: Global Competition and EU environmental Policy, hrsg. v. Jonathan GOLUB, London, New York 1998, S.161-188

LIEBERG, Albert (1988): Brasiliens Sojawirtschaft - Konfliktfelder einer exportorientierten Agrarindustrialisierung Institut für Iberoamerika-Kunde, Arbeitsunterlagen und Diskussionsbeiträge/ Documentos de Trabajo, 25, Hamburg 1988

LISTER, Marjorie (1998): Europe's New Development Policy, in: European Union Development Policy, hrsg. v. Marjorie LISTER, Basingstoke, New York, 1998, S. 17-38

LISTER, Marjorie (2002): The EU's Relations with Developing States, in: The European Union Handbook, hrsg. v. Jackie GOWER, 2.Auflage, Chicago, London 2002, S. 356-366

LOSEBY, Margaret/Piccinnini, Antonio (2001): Agricultural Policies in Europe and the USA - Farmers between Subsidies and the Market, Basingstoke, New York 2001

LYTLE, Douglas (2002): EU Issues Report As Hopefuls Focus On Oct. 19 Vote, WSJE, 10.10.2002, S. A2

MATAMBALYA, Francis (1998): Future Perspectives of EU-ACP Relationship-The Case of the Southern African ACP States, Arbeitspapiere zur EU-Entwicklungspolitik 7, Bonn 1998

MATAMBALYA, Francis (2001): The New EU-ACP Partnership: Consequences for Eastern and Southern Africa, Dar e Salaam 2001.

MCCALLA, Alex (1998): Agriculture and Food Needs to 2025, in: International Agricultural Development, hrsg. v. Carl EICHER und John STAATZ, 3. Auflage, Baltimore, London, 1998, S. 39-54.

MCDONALD, Frank (1999): The origins and development of the European Union, in: European Economic Integration, hrsg. v. Stephen DEARDEN und Frank MCDONALD, 3. Auflage, Harlow 1999, S. 1-33.

MEYER, Eric/THEURL, Theresia (2001): Institutionelle Grundlagen der Europäischen Union, in: Kompendium Europäische Wirtschaftspolitik, hrsg. v. Renate OHR und Theresia THEURL, München 2001, S.41-203

MICHALOPOULOS, Constantine (2001): Developing-Country Issues for WTO Multilateral Trade Negotiations, in: Trade, Development and Political Economy-Essays in Honour of Anne O. Krueger, hrsg. v. Deepak LAL und Richard SNAPE, Basingstoke, New York 2001, S.96-120

MORTIMER, Edward (1994): The Security Dimension, in: Europe and the Mediterranean, hrsg. v. Peter LUDLOW, London, New York 1994, S.105-126

NOMOS (2001): o.V.: Europarecht, 13. Auflage, Baden-Baden 2001

NUCIFORA, Antonio (2001): Land Use in the European Union by 2020, in: Tomorrow's Agriculture: Incentives, Institutions, Infrastructure and Innovations, Proceedings of the Twenty-fourth International Conference of Agricultural Economists, hrsg. von George PETERS und Prabhu PINGALI, Aldershot, Burlington 2001, S.516-526.

OJO, Oladeji/STEVENS, Christopher (1996): Recent Changes in the Former Soviet Union and Eastern Europe: Opportunities and Challenges for Africa, in: Africa and Europe-The Changing Economic Relationship, hrsg. v. Oladeji OJO, London, New Jersey 1996, S. 129-146

OYEJIDE, Ademola (2001): Agriculture in the Millennium Round of Multilateral Trade Negotiations: African Interests and Options, in: Agricultural Trade Liberalization in a New Trade Round-Perspectives of Developing Countries and Transition Countries, hrsg. v. Merlinda INGCO und Alan WINTERS, World Bank Discussion Paper No. 418, Washington D.C. 2001, S.11-23.

PIEPEL, Klaus (1999): Fairer Handel – eine (entwicklungs) politische Handlungsmöglichkeit ?, in: Die Zukunft des Welthandelssystems –

Perspektiven und Reformvorschläge deutscher und internationaler Nichtregierungsorganisationen, hrsg. v. Benno ENGELS und Klaus LIEBIG, Schriften des Deutschen Übersee-Instituts Hamburg, Hamburg 1999, S. 73 – 83

PINSTRUP-ANDERSEN, Per/COHEN, Marc (2000): The Present Situation and Coming Trends in World Food Production and Consumption, in: Food Needs of the Developing World in the Early Twenty-First Century – The Proceedings of the Study Week of the Pontifical Academy of Sciences 27-30 January 1999, hrsg. v. Te-Tzu CHANG, Bernado COLOMBO, Marcelo, SANCHEZ SO-RONDO, Vatikanstadt 2000, S.27-56

PLUMB, Charles Henry (1998): The Lomé Convention, Human Rights and Europe. in: European Union Development Policy, hrsg. v. Marjorie LISTER, Basingstoke, New York, 1998, S. 8-11

PRETTY, Jules (2001): The Living Land – Agriculture, Food and Community Regeneration in Rural Europe, London, Sterling 2001

RADTKE, Kai (2000): The Record of the Trade Provisions of the Lomé Con-vention, in: The European Union and Developing Countries-The Challenges of Globalization, hrsg. v. Carol COSGROVE-SACKS und Gioia SCAPPUCCI, Nachdruck der 1. Auflage Basingstoke, New York 2000, S.127-143

RAYA, Francisco Javier (2000) : A Review of the Barcelona Conference and a Summary of EU Policy Objectives, in: The European Union and Developing Countries-The Challenges of Globalization, hrsg. v. Carol COSGROVE-SACKS und Gioia SCAPPUCCI, Nachdruck der 1. Auflage, Basingstoke, New York 2000, S.193-205

SAUNDERS, Caroline (1991): The CAP and the Intra-EC Trade, in: The Com-mon Agricultural Policy and the World Economy-Essays in Honour of John Ashton, hrsg. v. David HARVEY und Christopher RITSON, Wallingford 1991, S. 165-183

SCHMITZ, P. Michael: Das EU-Agribusiness im Globalisierungs- und Transformationsprozess, in: Landwirtschaft in der Weltwirtschaft, Festschrift anlässlich des 60. Geburtstages von Prof. Dr. Ulrich Koester, hrsg. v. Roland HERRMANN, Dieter KIRSCHKE, P. Michael SCHMITZ, Holm 1998, S.276 – 304

SCHILDER, Klaus (2001): Alles außer Waffen, Zucker, Bananen und Reis-Die Initiative auf zoll- und quotenfreien Zugang der ärmsten Länder in der Kritik, in: Nord-Süd-Aktuell 02/2001, abgerufen unter http://weed-online.org/eu/texte/EBA-Kritik.doc am 01.02.2003

SCHUMANN, Harald (1986): Futtermittel und Welthunger -Agrargroßmacht Europa-Mastkuh der Dritten Welt, Reinbeck bei Hamburg 1986

SUBHAN, Malcolm (1995): Die Handelsbeziehungen zwischen der Europäischen Union und den Entwicklungsländern, Luxemburg 1995

STOECKEL, Andrew (2000): Solving the Problem – The Political Economy of Agricultural Reform, Rural Industries Research and Development Corporation Publication 2000, 124, Canberra 2000

TANGERMANN, Stefan (1997): Reformbedarf in der EU-Agrarpolitik und die Agenda 2000, Expertise für den Sachverständigenrat zur Begutachtung der gesamtwirtschaftlichen Entwicklung, Göttingen 1997

THE ECONOMIST (2002): O.V.: Reform? Forget it, The Economist, 5.10.2002, S.30 – 31.

THE ECONOMIST (2003): O.V.: Europe's meagre harvest, The Economist, 25.1.2003, S.69

THORBRIETZ, Petra (1994): Nachwort der deutschen Ausgabe, in: Jeremy RIFKIN: Das Imperium der Rinder, Frankfurt am Main, New York 1994, S. 257 – 267

TIMMER, Peter (1998): The Agricultural Transformation in: International Agricultural Development, hrsg. v. Carl EICHER und John STAATZ, 3. Auflage, Baltimore, London, 1998, S. 113 – 135

TOD, Philip (2000): Britain and the Lomé Convention, in: The European Union and Developing Countries-The Challenges of Globalization, hrsg. v. Carol COSGROVE-SACKS und Gioia SCAPPUCCI, Nachdruck der 1. Auflage Basingstoke, New York 2000, S.61-73

UNDP (1997): Deutsche Gesellschaft für die Vereinten Nationen: Bericht über die Menschliche Entwicklung 1997-Armut und menschliche Entwicklung, Bonn 1997

UNDP (1998): United Nations Development Programme: Bericht über die Menschliche Entwicklung 1998-Konsum und menschliche Entwicklung, Bonn 1998

UNDP (1999): United Nations Development Programme: Bericht über die Menschliche Entwicklung 1999-Globalisierung mit menschlichem Antlitz, Bonn 1999

VAHLEN (1993): O.V.: Schwellenländer, in: Vahlens großes Wirtschaftslexikon, Bd.2, 2. überarbeitete und erweiterte Auflage, hrsg. von Erwin DICHTL und Ottmar ISSING, München 1993, S. 1868-1869

VAN MEIJL, Hans/VAN TONGEREN, Frank/VEENENDAAL, Paul (2000): Global Effects of EU Agenda 2000-Implications for the WTO negotiations and developing countries, Report 5.00.05 Agricultural Economics Research Institute, The Hague, Den Haag 2000

VON BRAUN, Joachim et al. (1996): Assessing Coherence between the Common Agricultural Policy: The Case of Cereals in African ACP Countries, Kiel 1996

VON DER KNESEBECK, Axel (2002): Die Gemeinsame Agrarpolitik und die Osterweiterung der Europäischen Union: Chancen und Risiken – dargestellt am Beispiel Polens, in: Die Gemeinsame Agrarpolitik der EU (GAP) vor dem Hintergrund der bevorstehenden Osterweiterung und aktueller Probleme des Welthandels, hrsg. v. Hans-Dieter HAAS, Axel VON DER KNESEBECK, Simon-Martin NEUMAIR, München 2002, S.35-91

VON DER KNESEBECK, Axel/NEUMAIR, Simon-Martin (2002): Grundlagen und Funktionsweise der Gemeinsamen Agrarpolitik, in: Die Gemeinsame Agrarpolitik der EU (GAP) vor dem Hintergrund der bevorstehenden Osterweiterung und aktueller Probleme des Welthandels, hrsg. v. Hans-Dieter HAAS, Axel VON DER KNESEBECK, Simon-Martin NEUMAIR, München, S.1-34

VON URFF, Winfried (1994): Das Ergebnis der Uruguayrunde im Agrarbereich und seine Folgen, in: GATT und die Folgen, hrsg. v. GESELLSCHAFT FÜR INTERNATIONALE ENT WICKLUNG MÜNCHEN E.V., München 1994, S. 3-24

WEBER, Gerald (2001): The CAP's Impact on Agriculture and Food Demand in Central European Countries after EU Accession: Who Will Lose and Who Will Gain, in: Tomorrow's Agriculture: Incentives, Institutions, Infrastructure and Innovations, Proceedings of the Twenty-fourth International Conference of Agricultural Economists, hrsg. von George PETERS und Prabhu PINGALI, Aldershot, Burlington 2001, S.498-505

WELTBANK (1997): INTERNATIONAL BANK FOR RECONSTRUCTION AND DEVELOPMENT: Weltentwicklungsbericht 1997: Der Staat in einer sich ändernden Welt, Bonn 1997

WELTBANK (1999): INTERNATIONAL BANK FOR RECONSTRUCTION AND DEVELOPMENT: Weltentwicklungsbericht 1998/1999: Entwicklung durch Wissen, Frankfurt/Main 1999

WELTBANK (2000): INTERNATIONAL BANK FOR RECONSTRUCTION AND DEVELOPMENT: Weltentwicklungsbericht 1999/2000: Globalisierung und Lokalisierung - Neue Wege im entwicklungspolitischen Denken, Frankfurt/Main 2000

WELTBANK (2001): INTERNATIONAL BANK FOR RECONSTRUCTION AND DEVELOPMENT: Weltentwicklungsbericht 2000/2001: Bekämpfung der Armut, Bonn 2001

WSJE (2002): O.V.: What They Said, WSJE, 18. – 20.10.2002, S. A3

ZIAI, Aram (2000): Globalisierung als Chance für Entwicklungsländer? – Ein Einstieg in die Problematik der Entwicklung in der Weltgesellschaft, Hamburg 2000

ZOELLICK, Robert (2002): Unleashing the trade winds, The Economist, 7.12.2002, S. 25-29

Internetverzeichnis

BMF (2002): Bundesministerium der Finanzen: Quotenregelung im Milchsektor, abgerufen unter http://www.zoll-d.de/b0_zoll_und_steuern/c0_marktordnung/g0_zusatzabgabenregelung/ am 18.02.2003

CAIRNS GROUP (1999): Developing Countries and Agricultural Trade Liberalisation, abgerufen unter http://www.cairnsgroup.org/paper_trade_liberalisation.html am 13.02.2003

CAIRNS GROUP (2003): http://www.cairnsgroup.org/members.html, abgerufen am 24.01.2003

EU (2001): EU Institutions Press Releases: EU approves „Everything But Arms" trade access for Least Developed Countries, abgerufen unter http://www.eurunion.org/news/press/2001/2001005.htm am 10.02.2003

EU (2003a): The Lomé Convention, abgerufen unter http://europa.eu.int/comm/development/cotonou/lome_history_en.htm am 15.02.2003

EU (2003b): List and Maps of ACP Coubtries, abgerufen unter http://www.europarl.eu.int/intcoop/acp/en/acplist.htm am 20.02.2003

FAO (2002): http://apps.fao.org/notes/876-e.htm, abgerufen am 10.02.2003

INDIA DAIRY (2003): Operation Flood, abgerufen unter http://www.indiadairy.com/ind_operationflood.html am 20.01.2003

OXFAM (2003): http://www.oxfam.org/eng/campaigns_camp.htm, abgerufen am 29.01.2003

SHARMA, Denider: Greying of White Revolution, abgerufen unter http://www.dsharma.org/trade/milk.htm am 04.02.2003

UNCTAD (2000a): List of Land-locked Developing Countries (as at 27 March 2000), abgerufen unter http://www.unctad.org/en/subsites/ldcs/document/lldc-list.htm am 26.10.02

UNCTAD (2000b): List of Small Island Developing States (as at 27 March 2000), abgerufen unter http://www.unctad.org/en/subsites/ ldcs/document/sids-list.htm am 26.10.02

UNCTAD (2001): Statistical Profiles of the least developed countries, 2001, abgerufen unter http://www.unctad.org/en/docs/ plcum72.en.pdf am 10.02.2003

UNCTAD (2002a): Handicaps and external shocks affecting Small Island Developing States, abgerufen unter http://r0.unctad.org/en/ subsites/ldcs/charts/sids_c13.htm am 10.02.2003

UNCTAD (2002b): http://r0.unctad.org/en/subsites/ldcs/charts/ lldc_ b10.htm, abgerufen am 10.02.2003

www.ingramcontent.com/pod-product-compliance
Lightning Source LLC
Chambersburg PA
CBHW020839210326
41598CB00019B/1950